Oscar Romero,
die synodale Kirche
und Abgründe des
Klerikalismus

Peter Bürger

Oscar Romero, die synodale Kirche und Abgründe des Klerikalismus

Zum 40. Todestag des
Lebenszeugen aus El Salvador

edition pace

Ausgesprochen sei ein
Dank an Eugen Drewermann,
weil er die ›Heilung zerbrochener Herzen‹
und das ›Evangelium für die Armen‹
nicht gegeneinander ausspielt.
Er ist der einzige namhafte Theologe des
deutschsprachigen Raums, der seit Jahrzehnten
sich im Widerstand gegen die Kriegsapparatur
engagiert – was viele ›Politisierer‹ und die
›bürgerliche Wohlfühlkirche‹ nicht tun.

Ermutigt zum Werk hat Bodo Bischof

Umschlagfoto:
Canonización Monseñor
Romero-San Salvador, 2018
(commons.wikimedia.org)

© 2020

Peter Bürger

*Oscar Romero, die synodale Kirche
und Abgründe des Klerikalismus*

Zum 40. Todestag des
Lebenszeugen aus El Salvador

edition pace 9

Satz & Gestaltung: www.friedensbilder.de
Herstellung & Verlag: BoD – Books on Demand, Norderstedt
ISBN: 978-3-7504-9377-3

Inhalt

Ein Nothelfer
Seite 7

I.
»Das Votum der Armen und die Amtsgnade«

Ein Beitrag zum 40. Todestag Oscar Romeros –
auch im Licht der Kirchenreformdiskurse 2020
Seite 9

II.
Romeros innerkirchliche Verfolger

Ein Blick auf die Akteure im Kirchentum der Besitzenden
und in die Abgründe des rechten Klerikalismus
Seite 31

III.
Der Erzbischof von San Salvador
und die synodale Kirche

Zitate aus Oscar Romeros Predigten
und Zeugnisse über ihn
Seite 73

Kleine Zeittafel
Seite 98

Literatur- und Medienverzeichnis
(mit Kurztiteln)
Seite 100

»Noch nie habe ich das Leben so geliebt«

Der Lebenszeuge Oscar Romero
im März 1980:

»Ich sage die Wahrheit, Doktor: Ich will nicht sterben. Zumindest jetzt noch nicht, ich will jetzt noch nicht sterben. Noch nie habe ich das Leben so sehr geliebt! Ich sage Ihnen ehrlich: Ich habe keine Berufung zum Märtyrer, ich habe sie nicht. Natürlich, wenn es das ist, was Gott von mir will, dann … Ich bitte ihn nur, daß die Umstände meines Todes keinen Zweifel an dem lassen, was wirklich meine Berufung ist: Gott zu dienen, seinen Menschen zu dienen. Aber jetzt sterben – nein; ich brauche noch ein bißchen Zeit …«

(Zit. LÓPEZ VIGIL 1999, S. 314.
Gewährsmann: Jorge Lara Braud)

Ein Nothelfer

»Wir können nicht autoritär reden,
sondern wir müssen zum dialogischen
Nachdenken im Licht des Evangeliums einladen.«

OSCAR ROMERO (1917-1980),
ermordeter Erzbischof von San Salvador

Erst unter Bischof Franziskus von Rom hat die Weltkirche in
zwei Stufen 2015 und 2018 die schon vor vier Jahrzehnten durch
die Armen Lateinamerikas erfolgte Heiligsprechung Oscar Romeros ›amtlich‹ anerkannt. Dieser Lebenszeuge wurde wie kein
anderer in der ganzen Ökumene aufgenommen und versetzt uns
auch durch seine globale ›Wirkungsgeschichte‹ in Staunen.

Die von Oscar Romero für El Salvador erhobene Klage wider
die Konzentration des materiellen Reichtums in den Händen einer winzigen Minderheit ist heute auf den gesamten Globus zu
beziehen: Acht, achtzig – oder unseretwegen auch 800 – Individuen verfügen über mehr Vermögen als die ärmere Hälfte der
gesamten Menschheit. Dieser Abgrund an ökonomischer Irratio-
nalität ist neben dem menschengemachten Klimawandel, den
Todesmauern der Wohlstandszonen und der Militärreligion Er-
kennungszeichen einer potentiell selbstmörderischen Spezies.

Nicht ganz zu Unrecht wird Papst Franziskus inzwischen von
Reformern in den bürgerlichen ›Wohlfühlkirchen‹ der reichen
Länder wegen seiner Begrenzungen kritisiert. Der Strukturwan-
del in der Kirche und vor allem die »Frauenfrage« (Geschlechter-
Gerechtigkeit) – als *der* Prüfstein kirchlicher ›Zukunftsfähigkeit‹
– scheinen blockiert. Auch deshalb verschließen viele ihre Ohren,
wenn aus Rom angesichts des zivilisatorischen Ernstfalls die
Ermutigung zur subversiven »Freude am Evangelium« kommt.

Unterschlagen wird jedoch sehr schnell, dass römische Katho-
lik*innen heute im Gegensatz zu den Jahren 1978-2013 wieder
uneingeschränkte Meinungsfreiheit genießen. Eine Reformation

ohne Verbannungsbullen und Redeverbote ist im Schwange (soweit es nicht gerade, wie im Rheinland, ein vom Opus Dei okkupiertes Großbistum betrifft). Viele Gemeinden entdecken auf neue Weise die Berufung zur ›Freiheit der Kinder Gottes‹. Kein Papst zuvor hat so überzeugend den Klerikalismus kritisiert oder sich – in Wort und Tat – so voller Achtung gegenüber homosexuell Liebenden gezeigt.

Aufgeweckte Leute sollten der bürgerlichen Papstschelte dieser Tage nicht allzu leichtfertig folgen und so ungewollt der klerikalen Rechten assistieren. Denn die »Kirche der Armen«, die sich mit Franziskus global gegen ein todbringendes Wirtschaftssystem und die Zerstörung der Lebensgrundlagen unserer Gattung wendet, hat dem Machtkult der Priesterselbstanbetung schon widersagt. Ihr Vorbild heißt: Oscar Romero.

Der österliche Aufstand wider die Strukturen des Todes kann ohne einen durchgreifenden Strukturwandel in der Kirche nicht gelingen. Irrwege sind gleichermaßen: eine Kirchenreformdebatte ohne ›Botschaft‹ und eine Befreiungstheologie für das Leben auf dem Planten ohne radikale Transformation des kirchlichen Gefüges (sowie des Kirchenverständnisses). Aus dieser Überzeugung heraus sind die hier vorgelegten Beiträge über »Oscar Romero, die Synodalität und die Abgründe des Klerikalismus« geschrieben worden.

Romeros Weg als Hirte einer verfolgten Gemeinde – und als ein von der Hierarchie verfolgter Bischof – zeugt von erstaunlichen Lernprozessen in *kürzester Zeit*. Eine vergleichbare Umkehr hin zu einer neuen ›Option wegen der Verzweifelten‹ und zum Weg der gemeinschaftlichen Beratung müsste sich ereignen in diesen Tagen. Doch unser Kirchentum kreist freudlos wie unverdrossen um sich selbst und um Belanglosigkeiten. Ein wirklicher Heiliger, so heißt es, hilft uns in der Not. Weit über die Impulse dieses Büchleins hinaus gilt es, San Oscar Romero zu entdecken als einen Nothelfer und Türöffner ...

Düsseldorf, im März 2020
p.b.

I.
»Das Votum der Armen und die Amtsgnade«

Ein Beitrag zum 40. Todestag Oscar Romeros –
auch im Licht der Kirchenreformdiskurse 2020[1]

Peter Bürger

»Das Volk sprach ihn noch in seiner Todesnacht heilig. Fünf Stunden nach dem Mord ging ich auf die Straße, es war die einsamste Nacht, die ich je erlebt habe. Plötzlich hörte ich einen Ruf. ›Ist es wahr, dass sie den Heiligen getötet haben?‹ Es waren Obdachlose. Es war das erste Mal, dass ich von Romero als Heiligem sprechen hörte. Sie baten, den Leichnam berühren zu dürfen. Der Vikar erlaubte es, und ein paar berührten seine Füße und gingen glücklich wieder.«[2]
(Roberto Cuéllar)

Die Kirche der Reichen, die es aus dogmatischer Sicht natürlich gar nicht geben darf, ist eine sehr weltliche – historische und soziologische – Realität. In diesem Gefüge sind »Heilige« seit jeher sakrale *Besitzobjekte*. Ihre Kanonisation dient im Modus des Habens zur Absicherung der Priesterselbstanbetung und zur Zähmung von frommen Revolten. Die Hierarchie erhob Franz von Assisi 1228, kaum zwei Jahre nach seinem Tod, zur »Ehre der Altäre«, um das Charisma seiner Bewegung zu kontrollieren und die durch den »Poverello« aufgedeckten Strukturen der Entfremdung vom Evangelium zu verschleiern.

---

[1] Erstveröffentlichung (Quelle): ÖkIF 2020*.
[2] Zit. WEISS/CUÉLLAR 2015*. Vgl. ebenso: LÓPEZ VIGIL 1999, S. 335-336. – Als Literatur für diesen Beitrag seien summarisch genannt: BROCKMAN 1990, HAGEDORN 2006, LÓPEZ VIGIL 1999, MAIER 2015a, WEISNER u.a. 2018. Texte des Erzbischofs: ROMERO 1982, ROMERO 1983, ROMERO 1986, ROMERO 1992, ROMERO 2015.

Das »Santo subito« direkt nach der Ermordung des Märtyrers Oscar Romero am 24. März 1980 wurde indessen ausgerufen durch die Armen Lateinamerikas und eine universale Kirche von unten. Das Lebenszeugnis des salvadorianischen Bischofs erwies sich als Quelle von Ermutigung, Inspiration und Dankbarkeit auf dem ganzen Erdkreis. (Diese grenzüberschreitende »Wirkungsgeschichte« Romeros ist gewiss eher als Wunder der Beglaubigung zu verstehen als etwa jene medizinischen Heilungsvorgänge, die in Dekreten des Vatikans als Durchbrechung von sogenannten Naturgesetzen gedeutet werden.) Gerade auch in den »reichen Ländern« beriefen sich ab 1980 Initiativen und Netzwerke im Widerstand gegen die Religion des Neoliberalismus auf den neuen Heiligen.[3] Dieses globale Geschehen einer Kanonisation von unten ist einzigartig in der gesamten neueren Kirchengeschichte.

Neoliberale Religion und die Kanonisation eines Papstes im Eilverfahren

2008, als der Name Oscar Romeros längst Eingang gefunden hatte in den Festkalender von Anglikanern, Altkatholikinnen, Lutheranern und Basisgemeinden, ließ der Vatikan noch immer verlauten, es bestünden gravierende Zweifel, ob ein Martyrium vorliegt. Die Kreise der Mächtigen *innerhalb* der kirchlichen Hierarchie, die Romero schon zu Lebzeiten bedrängt hatten, blockierten anhaltend das amtliche Kanonisationsverfahren und ließen sich hierfür immer wieder neue Gründe einfallen. Dieser Vorgang ist Teil eines größeren Komplexes: Jahrzehnte lang blieben bedeutsame Früchte des letzten Konzils, wie sie sich im lateinamerikanischen Aufbruch hin zu einer Kirche der Armen zeigten, in der Leitungsebene der Weltkirche ausgeblendet.[4]

---

[3] Vgl. für Deutschland: ARNTZ/FORNET-BETANCOURT 2002. – Ich selbst kann auch anhand eines Beitrages für die Abiturzeitung 1980 mit Gewißheit nachvollziehen, dass meine persönliche Romero-Verehrung direkt nach der Ermordung begann.
[4] Zudem: Josef »Ratzinger brachte die Befreiungstheologie genau zu dem Zeit-

Johannes Paul II. hat gleichwohl jene Marktmechanismen, die den Egoismus prämieren und der Profitgier immer neue Nahrung geben, in Anlehnung an die unter seinem Pontifikat besonders durch Joseph Ratzinger gemaßregelte Theologie der Befreiung als »*Strukturen der Sünde*« bezeichnet; hinter den entsprechenden Entscheidungen in Ökonomie und Politik würden sich »*wahrhafte Formen von Götzendienst*« verbergen (Sollicitudo rei socialis, 1987). In der Enzyklika ›Centesimus annus‹ (1991) konstatierte er, »dass sich eine radikale kapitalistische Ideologie breit macht, die [...] ihre Lösung in einem blinden Glauben der freien Entfaltung der Marktkräfte überlässt«. 1999 verurteilte dieser Papst in seiner Neujahrsbotschaft eine »bösartige« Ideologie, bei der »Nationen und Völker das Recht auf eine Beteiligung an den Entscheidungen, die ihre Lebensweise oft so grundlegend verändern«, verlieren. Ihre Hoffnungen würden »grausam zerstört« durch eine Marktordnung, in der »politische und finanzielle Macht konzentriert sind«, während die Finanzmärkte unberechenbar fluktuieren.

Ein Zusammenbruch der Finanzmärkte folgte im Jahr 2008. Doch in seiner Sozialenzyklika »*Caritas in veritate*« (2009) erreichte der deutsche Papst Benedikt XVI. (J. Ratzinger) wenig später noch nicht einmal ansatzweise das Niveau der eher moderaten Kapitalismus-Kritik seines Vorgängers. Die Prioritäten des letzten Pontifikates 2005 – 2013 ließen gar keinen Raum mehr für die Hoffnung, die römische Weltkirche könne einen gewichtigen Beitrag leisten zur Demaskierung der »Strukturen des Todes«, die die gesamte menschliche Zivilisation bedrohen. Die im Eilverfahren angesetzte Seligsprechung von Johannes Paul II. erweckte 2011 den Eindruck, es solle im Zuge einer kirchenpolitischen Strategie nicht zuletzt auch eine Ära des autoritären Zentralismus verherrlicht werden.[5] In diesem Fall wurden – ganz an-

---

punkt zum Schweigen, zu dem der weltumspannende Kapitalismus in Lateinamerika die Vorherrschaft übernahm.« (ALLEN 2002, S. 119)

[5] Heute können wir aufgrund der Enthüllungen über die Abgründe an Heuchelei und Schamlosigkeit im Vatikan unter den beiden letzten Päpsten das Eilverfahren noch besser verstehen, zuletzt: MARTEL 2019.

ders als bei Oscar Romero – Bedenken schnell vom Tisch gewischt, obwohl sie einen Bereich betrafen, der in einigen Ländern förmlich eine Pulverisierung der Kirche in Gang gesetzt hat: Die Seligsprechung von Karol Wojtila passte in den Augen vieler Kritiker nicht zur bekanntgewordenen päpstlichen Protektion des mexikanischen Ordensgründers Marcial Maciel (1920-2008), dessen finanzstarke »Legionäre Christi« ab 1941 zu den schlimmsten Orten der seelischen und sexuellen Gewalt in der Kirche gehörten.

Der Ökumenische Aufruf ›San Romero‹ (2011)

Genau zu diesem Zeitpunkt baten von Deutschland aus die 1981 gegründete ›Christliche Initiative Oscar Romero (CIR)‹, die Ökumenische ›Initiative Kirche von unten‹ (IKvu), die Bewegung ›Wir sind Kirche‹ und weitere Netzwerke um internationale Unterstützung für folgenden Aufruf[6]:

»Liebe Schwestern und Brüder in der Ökumene, mit diesem Aufruf bitten wir Euch, am 1. Mai 2011 der Heiligsprechung des Märtyrers San Oscar Romero durch die Armen Lateinamerikas und durch Freundinnen und Freunde Jesu auf dem ganzen Erdkreis zu gedenken. Dieses Gedenken soll uns Ermutigung auf dem Weg des Evangeliums sein und zugleich als Umkehrruf in den Kirchen der Reichen gehört werden. Sehr bald nach seiner Ernennung zum Erzbischof von San Salvador wurde der konservative Seelsorger Oscar Arnulfo Romero 1977 mit der blutigen Christenverfolgung in El Salvador konfrontiert. Die Tränen an den Särgen von ermordeten Katechetinnen, Messdienern und Priestern ließen ihn zum unerschrockenen Bischof an der Seite der Kleinen, Geschundenen und Verfolgten werden. Seit dieser Zeit hatte er das Regime seines Landes, den Sicherheitsberater des US-Präsidenten und mächtige Kardinäle der römischen Kurie ge-

---

[6] BÜRGER/GÖHRIG/WEISNER 2011*.

gen sich. Im Frühjahr 1979 fand Bischof Romero bei Papst Johannes Paul II. weder Gehör noch Unterstützung in seinen Bedrängnissen. Mit tiefer Enttäuschung sagte er: ›*Ich glaube, ich werde nicht noch einmal nach Rom kommen. Der Papst versteht mich nicht.*‹ Johannes Paul II. hatte das Foto eines kurz zuvor ermordeten indigenen Priesters sowie andere Dokumente zur Christenverfolgung durch die Handlanger der Reichen gar nicht beachtet und stattdessen nur zur Harmonie mit der salvadorianischen Regierung ermahnt. Im Wissen um die eigene Gefährdung hat San Romero de América seine Stimme gegen das Unrecht erhoben, Politiker des Regimes exkommuniziert und den Widerstand an die Gewaltlosigkeit Jesu von Nazareth erinnert. Nach einem der zahllosen Morde an Christen predigte er: ›*Fern sei uns Rache, lasst uns beten mit Jesus: Vater vergib ihnen, denn sie wissen nicht was sie tun.*‹ Da jeder Mensch ein Kind und lebendiges Gleichnis Gottes ist, war für San Oscar Romero Gottesdienst untrennbar verknüpft mit der unerschrockenen Verteidigung der menschlichen Würde. An die Auftragsmörder und Handlanger der Junta richtete er die Worte: ›*Ein Mörder ist auch der, der foltert ... Niemand darf Hand anlegen an einen anderen Menschen, denn der Mensch ist Ebenbild Gottes.*‹ Einen Tag vor seiner eigenen Ermordung am 24. März 1980 forderte er die Soldaten öffentlich zur Befehlsverweigerung auf: ›*Im Namen Gottes und im Namen dieses gepeinigten Volkes bitte ich Euch, befehle ich Euch: Hört auf mit der Unterdrückung!*‹ Die Kugel eines Auftragsmörders traf ihn während der Feier der Danksagung am Altar. Die von unten erfolgte Heiligsprechung von San Oscar Romero ist keine Anmaßung. Wir wissen, dass nur Gott in das Herz eines Menschen schauen kann und es uns nur bruchstückhaft möglich ist, mit Gottes Augen neu sehen zu lernen. Doch diese ›Beatifikation‹ ohne ein teures Verfahren von Kirchenbehörden verbreitet eine frohe Kunde unter dem Wehen des Gottesgeistes: Das Beispiel unseres Bruders San Oscar Romero zeigt uns, wie schön und mutig wir Menschen werden können, wenn wir beginnen, der Botschaft Jesu zuzuhören.«

Der Aufruf war ökumenisch angelegt und bezeugte die »Kanonisation« Romeros auf der Grundlage der Seligpreisungen Jesu, die alle Christinnen und Christen verbinden. Er enthielt keine Forderung an die hierarchische Kirchenleitung oben, sondern rückte allein eine Anerkenntnis des *Votums der Armen* in den Mittelpunkt. Ein Buch dokumentiert die unglaubliche Unterstützung sowie Zuschriften aus der ganzen Welt, die uns im Zeitraum von nur zwei Wochen erreichten.[7] Basischristen, Ordensleute und mehrere Ländergruppen der Kirchenreform-Bewegung (›Wir sind Kirche‹ u.a.) stellten insgesamt sieben Sprachversionen zur Verfügung. 394 Personen und 72 Initiativen oder Einrichtungen aus über 20 Ländern zeichneten den Aufruf. Die Prominenz, darunter die Bischöfe Luís Flávio Cappio OFM (Brasilien) und Jacques Gaillot (Frankreich), wurde in der alphabetischen Liste nicht eigens hervorgehoben. Zu den unterzeichnenden Theologen gehörten u.a. Tissa Balasuriya aus Sri Lanka, Leonardo Boff, Eugen Drewermann, Friedhelm Hengsbach SJ, Franz Josef Hinkelammert, Hans Küng, Carlos Mesters O.Carm., Dietmar Mieth, Elisabeth Schüssler Fiorenza, Fulbert Steffensky, Jon Sobrino SJ und Paulo Suess. Später haben wir unsere Erfahrungen mit dem Aufruf so ausgedrückt: »Wenn du mit dem Namen Oscar Romeros anklopfst, dann öffnen sich überall Türen in der Welt, weil Menschen guten Willens sich mit seiner Hilfe einander erkennen können.«

In Deutschland brachte die Beilage ›Christ & Welt‹ der renommierten bürgerlichen Wochenzeitung ›Die Zeit‹ am 28. April 2011 einen umfangreichen Sonderteil zum Romero-Aufruf, und auch das Fernsehen berichtete.[8] Unterstützer Heiner Geißler (1930-2017), damals bedeutsamster Vertreter der noch verbliebe-

---

[7] WEISNER u.a. 2018 (Sprachversionen des Aufrufes & Namen der Unterzeichnenden auch im Netz auf: https://www.lebenshaus-alb.de/magazin/006874.html). Der Aufruf sollte selbstredend durch das gewählte Datum die höchst unterschiedlichen Maßstäbe in der Kirche transparent machen. Der Bischof von Regensburg (MÜLLER 2011; NERSINGER 2015, S. 86-87) sah in ihm eine bloße Kampagne gegen die am 1. Mai 2011 erfolgte Kanonisation von Johannes Paul II.

[8] Siehe hierzu: KATHPRESS 2011; PRANGE 2011; SEITERICH 2011; SPIEGEL 2011*; STEFFENSKY 2011*; TAGESSCHAU 2011*; THIELMANN 2011.

nen linken Christdemokraten, lobte im Interview für diese Beilage den Beitrag von Johannes Paul II. zum Ende des autoritären Sowjet-Kommunismus, fügte jedoch hinzu:

»Seine Haltung zur Befreiungstheologie hat der Volkskirche Lateinamerikas sehr geschadet. Er hat die Armen regelrecht verraten, indem er Romero geraten hat, ein besseres Verhältnis zur Militärjunta [...] anzustreben. [...] Das Traurige ist doch, dass einer wie dieser Erzbischof von San Salvador gar keine Chance bei der Kurie hat. Der Aufruf wirkt mittelfristig. Er gibt die Gelegenheit, noch einmal daran zu erinnern, wie der Vatikan mit der Befreiungstheologie umgegangen ist. Das hat Folgen bis heute. [...] Der Papst müsste sich an die Spitze einer neuen Gerechtigkeitsbewegung stellen. Man muss sich doch nur fragen: Wenn Jesus heute da wäre, was würde er tun? Würde der sich so verhalten wie die Kurie? Das glaubt ja wohl kein Mensch! [...] Die Idee des Heiligen als Vorbild ist an sich gut, wenn nur nicht wie bei Johannes Paul II. dauernd die Falschen wie Pius IX. und Opus-Dei-Gründer Josemaría Escrivá ernannt würden.«[9]

Der in Deutschland wegen seiner Maßregelung von kritischen Christ*innen auf denkbar traurige Weise bekannte Regensburger Bischof Gerhard Ludwig Müller (später 2012-2017 Präfekt der Glaubenskongregation) war erbost über Geißlers Anmerkungen und antwortete in der Zeitschrift ›Christ & Welt‹ vom 12.05.2011 mit einer Gegendarstellung, in welcher er ernsthafte Konflikte zwischen der Kirchenleitung unter Johannes Paul II. und der lateinamerikanischen Kirche der Armen einfach abstritt.[10]

---

[9] FLORIN/GEIßLER 2011.
[10] MÜLLER 2011*; vgl. SEIBEL 2011*.

Ein gezähmter »Märtyrer der Liebe«?

Erst unter Bischof Franziskus von Rom hat die Weltkirche in zwei Stufen (Seligsprechung anno 2015, Heiligsprechung anno 2018) die schon vor vier Jahrzehnten von unten erfolgte Kanonisation Romeros anerkannt. Dies ist selbstredend zu begrüßen, wie auch grundsätzlich ein amtliches Prozedere der *weltkirchlichen* Bedeutung des ermordeten Erzbischofs von San Salvador angemessen ist. Die offiziellen Seligsprechungsfeierlichkeiten 2015 in San Salvador folgten leider einem traurigen Drehbuch. Die Choreographie wurde bestimmt von einem kaum zu überbietenden Klerikalismus. Ein sehr kleiner Kreis von Angehörigen der Opfer der salvadorenischen Kirchenverfolgung im »Chorgestühl« wirkte allenfalls wie ein Alibi. Mächtigen und auch Vertretern des Militärs wurde die Reliquie offenbar bevorzugt dargeboten. Das gewählte Motto »Märtyrer der Liebe« (statt: »Märtyrer der Gerechtigkeit«) gab den basiskirchlichen Gemeinschaften Anlass zum Widerspruch. Jon Sobrino SJ, ehedem einer der theologischen Berater des neuen Heiligen, stellte klar: Oscar Romero ist nicht wegen irgendeiner vagen »Liebe zu den Armen« ermordet worden, sondern weil er der Konfrontation mit jenen, die die Armen arm machen, unterdrücken und töten, nicht aus dem Weg gegangen ist.[11]

Im Ringen um Deutungshoheit ist es bedeutsam, ob wir im Sinne des Ökumenischen Romero-Aufrufes von 2011 das *Votum der Armen* zum Ausgangspunkt nehmen oder die Interpreten einer *Kirche von oben*, die nichts Neues unter der Sonne zu sehen begehrt. Ein gemeinsamer Zug aller Versuche, das Zeugnis des salvadorenischen Bischofs im Sinne hierarchischer Ideologien zu domestizieren, besteht darin, es aus dem Zusammenhang der lateinamerikanischen Kirche der Armen und der befreiungstheologischen Reflexion herauszulösen. Wer unter solchem Vorzeichen viel Harmonie und Kontinuität produziert, kann erschüt-

---

[11] Vgl. MAIER 2015a, S. 159 und 169. Wer Romeros Predigten, Vorträge, Stellungnahmen kennt, versteht die Dringlichkeit des Einspruchs von Jon Sobrino. – Zur Sichtweise der Basisgemeinschaften: HUGENTOBLER 2018*.

ternde Anfragen an die bestehenden Kirchenstrukturen, die sich aus dem Weg des Heiligen ergeben, unter den Tisch fallen lassen.

»Geheimnis des geliebten Hirten«:
Die Geschichte von Bischof Romero und
die Geschichte von Gottes Leuten in El Salvador

Die Alte Kirche folgte dem Grundsatz »Kirchengut ist Armengut«. In ihr betrafen die Armenangelegenheiten »die höchste und dauernde Berufssphäre des Bischofs und der kirchlichen Beamten« (Adolf von Harnack).[12] Die Mitwirkung des ›Volkes‹ bei der Wahl eines neuen Bischofs war gemäß Kirchenordnung zwingend (in einigen mit Rom unierten orientalischen Kirchen sogar noch bis zur Zeit von Pius IX.). Später freilich blieb hiervon nur noch eine liturgische Floskel im Rahmen der Weihezeremonie übrig. Ein zentralistischer Apparat, der stets das Gegenteil von Verbundenheit hervorbringt, kam auf die irrationale und ebenso unchristliche Idee, den Gläubigen von oben herab Hirten aufzudrängen, die sie in vielen Fällen gar nicht annehmen wollen.

Als Oscar Romero neuer Erzbischof der Hauptstadt von El Salvador wurde, durften sich weder »Volk« noch Klerus an seiner Erwählung beteiligen. Vielmehr hatte der Nuntius ihn nach Befragung der weltlichen Eliten empfohlen, woraufhin seine Ernennung durch die römische Kirchenzentrale erfolgte.

Wer nun aber die Zeugnisse der Jahre 1977-1980 aufmerksam studiert, macht eine erstaunliche Entdeckung: Die Armen in El Salvador holen ihr Votum, das durch eine zentralistische Kirchenideologie ausgeschaltet worden ist, nach. Sie erwählen – durchaus auch bistumsübergreifend – Oscar Romero zu *ihrem* Bischof und beauftragen ihn, ihre Stimme zu werden. Romero

---

[12] Was ist ein Bischof? Eine schöne Antwort auf diese Frage fand einer der Allerärmsten in San Salvador durch seine Erfahrung mit Oscar Romero: »Er hat gemacht, daß ich mich als Mensch fühlte. Denn so einer wie er, der mochte uns und hat sich nicht vor uns geekelt.« (LÓPEZ VIGIL 1999, S. 336)

hat diese maßgebliche Wahl angenommen. Nicht der von oben über die Köpfe der Gläubigen hinweg ernannte, sondern der von unten erwählte und beauftragte Erzbischof wurde zum Zeugen der ganzen Kirche und ist nach seinem Tod von den Armen auch heiliggesprochen geworden.

Bischof Romero erkannte nun seinerseits aber auch das *Lehramt der Armen* an, die den Heiligen Geist als ihren Vater (pater pauperum) anrufen dürfen[13]:»Wir können nicht autoritär reden, sondern wir müssen zum dialogischen Nachdenken im Licht des Evangeliums einladen.«»Ich dachte immer, dass ich das Evangelium kenne, aber jetzt [als Zuhörer beim Bibelgespräch der Campesinos] lerne ich, es mit anderen Augen zu lesen.«»Das Volk ist mein Prophet.«»Ich muss darauf hören, was der Heilige Geist durch sein Volk sagt.«»Der Bischof muss viel von seinem Volk lernen.«»Ich habe Gott kennen gelernt, weil ich mein Volk kennen gelernt habe.«»Wenn sie uns vielleicht eines Tages das Radio genommen haben, […] und sie uns nicht mehr reden lassen, wenn sie alle Priester und auch den Bischof getötet haben werden […], dann wird jeder unter euch ein Botschafter und ein Prophet sein müssen.«

Wie Romero das »Magisterium (Lehramt) des ganzen Gottesvolkes« verstand und im Bistum San Salvador ernst nahm, das war in den Augen der feindseligen Mitbischöfe und Kurienkardinäle sogar das *gravierendste* Ärgernis.[14] (Ähnlich ging es insgesamt beim römischen Feldzug gegen die Befreiungstheologie vor allem auch um ein von der erbärmlichen Machtanbetung – hin zum Überfluss der Charismen – befreites *Verständnis der Kirche* gemäß Markus-Evangelium Vers 10,43 parr.)

Die Kirche der Reichen – als historische und soziologische Realität – geht bezeichnenderweise mit einer klerikalen Ideologie

---

13 Vgl. z.B. LÓPEZ VIGIL 1999, S. 57 und 214 (Bibelauslegung der Basisgemeinden) und S. 235-237 (der Analphabet Polin als theologischer Lehrer des Bischofs, den Romero zudem symbolträchtig auf seinem Stuhl sitzen lässt).

14 Vgl. besonders deutlich entsprechende Aussagen im Hetzbrief nach Rom, den die feindseligen Bischöfe im Mai 1979 nach Rom schrieben (BROCKMANN 1990, S. 237). Vgl. auch Romeros Entgegnungen bei Anfragen in Puebla 1979, ebd., S. 215: »Wäre ich doch bekehrt!«

einher, die eine besondere Klasse exklusiver »Wahrheitsbesitzer«
postuliert und durch ihre sakralen Herrschaftsansprüche unentwegt *Mangel* produziert (bis hin zum faktischen Verschwinden
der Sakramente aus dem Leben von vielen Millionen Christinnen
und Christen: ›Wenn wir nicht geben, dann gibt es nichts!‹). Im
geistlichen Sinn ist die Kirche der Armen hingegen ein Raum, in
dem alle gemeinschaftlich die *Schönheit ihrer miteinander geteilten
Bedürftigkeit* entdecken können.[15] Hier werden Bischöfe und andere Diener des Gottesvolkes sich nie als »Geber aller guten Ga-
ben« oder Verwalter von Mangel verstehen, sondern unentwegt
ins Staunen geraten ob der zahllosen *Reichtümer* in der Gemeinde
Jesu, die sie noch nicht kannten.[16] Im Zentrum steht nicht mehr
ein zum Fetisch gemachter und von der Theologen-Polizei kon-

---

[15] In einer Priesterversammlung hat Romero die Herausforderung der Bekehrung
zugespitzt auf die Anbetung des Geldes: »Ich stellte meine Meinung dar, dass
sich alles um die Bekehrung dreht: Arm sei, wer zu Gott bekehrt sei und all sein
Vertrauen auf Gott setze; reich sei, wer sich nicht zum Herrn bekehrt habe und
sein Vertrauen auf die Götzen setze, das heißt das Geld, die Macht, die Dinge der
Erde. Und all unsere Arbeit müsse sein, uns und alle Menschen zu diesem Sinn
echter Armut zu bekehren. Denn Christus sagt, dass das Geheimnis darin besteht, dass einer nicht zwei Herren dienen kann, Gott und dem Geld.« (Zit.
MAIER 2001, S. 129.) – Vgl. MAIER 2001, S. 183 (J. Sobrino zur Zivilisation der geteilten Genügsamkeit); ELLACURÍA 2011.
[16] Coralia Godoy meinte zu Romero: »Zu uns Laien hatte er großes Vertrauen. Er
ließ uns gewähren, und du merktest richtig, wie dir Flügel wuchsen.« (LÓPEZ
VIGIL 1999, S. 98.) Vgl. auch ebd., S. 112 und 123 (Vorwurf der Gegner, er frage
zuviele um Rat und diskutiere zuviel); S. 117 (auch bezogen auf den Terminkalender lagen die Prioräten bei den armen Kleinbauern); S. 205 (Teilhabe aller
Gläubigen); S. 210-212 (Romero gesteht einer Gemeinde, sich geirrt zu haben,
und bittet um Verzeihung). – Tatsächlich war der ehedem beratungsresistente
Romero schon im September 1976 als Ortsbischof von Santiago de Maria sehr viel
offener und lernbereiter, vermochte auch vor einem Priester unter Scham vor der
eigenen Selbstherrlichkeit niederknien: ebd., S. 57-58. Zu den Lehrern der Umkehr gehörte zu jener Zeit Pater Juan Macho: »Wir möchten, daß Sie uns Fehler
machen lassen … Und wir erwarten, daß Sie uns, wenn wir Fehler machen, Be-
gründungen geben und keine Befehle.« (ebd., S. 47.) – Vor Romeros Umkehr hatten Arme besonders durch seinen Freund Rutilio Grande SJ die erstmalige Erfahrung gemacht, dass sie um ihr Votum gebeten wurden. Eine ›uralte Frau‹ zu
ihm: »Woran ich mich am meisten erinnere? Daran, daß er mich eines Tages gefragt hat, was ich meine … Nie zuvor in meinem siebzigjährigen Leben hat mich
jemand das gefragt.« (Zit. ebd., S. 69.)

trollierter Komplex der Dogmen-Formeln. Denn die gemeinschaftliche Erkundung unserer menschlichen Bedürftigkeit ist ein Schlüssel, der unser Gehör öffnet für das *eine* »Wort des Lebens«.

Die Geschichte von Bischof Romero und die Geschichte von Gottes Leuten in El Salvador können also nur zusammen gelesen werden, als eine untrennbar verbundene Geschichte. Die dogmatische Konstruktion einer klerikalen Hierarchie von oben, die die Kirche so oft gelähmt hat, suggeriert eine besondere *»Amtsgnade«* von Episkopen, die unabhängig sein soll von den Charismen in der Gemeinde der Freundinnen und Freunde Jesu, unabhängig sogar von der Bestellung zum Dienst in einem konkreten – leibhaftigen – Sozialgefüge der Ortskirche.[17] Oscar Romeros Wirken als Leiter des Erzbistums San Salvador zeugt dagegen vom *»Geheimnis des geliebten Hirten«*: Die Menschen lieben und segnen ihn, machen ihn stark. All jene fruchtbaren Energien, die der Klerikalismus so oft in der Kirche erstickt, können frei fließen. Deshalb sagen viele, Romero sei trotz seines belastenden Amtes im Hauptstadtbistum ausgeglichener und zufriedener als früher. Die Gefahren nehmen zu, doch der ehedem ängstliche Seelsorger wird nicht von der Angst blockiert.

Dieser ganz andere Zugang zum Verständnis von »Amtsgnade« lässt sich veranschaulichen auch am Beispiel der großen Wirkung von Romeros Predigten, die Salvador Barraza zufolge keineswegs nur auf ein außerordentliches homiletisches Talent des Erzbischofs zurückgeführt werden darf:

»Seine Predigten waren eine kollektive Angelegenheit. Denn Monseñor Romero entwarf sie immer in Gemeinschaft, in der Gruppe. Und der Beifall der Gemeinde, den er hörte, war sozusagen das Plazet. Es war also eine Art Kreislauf. Er traf

[17] Schon in der Märtyrermesse für den ermordeten Rutilio Grande und Gefährten hatte Romero im März 1980 den Applaus der Gläubigen für den getöteten Pater Grande so aufgegriffen: »Dieser Applaus bestärkt die tiefe Freude, die mein Herz empfindet, jetzt, da ich [...] spüre, daß meine Schwäche und meine Unfähigkeit ihren Ausgleich, ihre Kraft und ihren Mut in einer geeinten Priesterschaft finden. Wer einen Priester anrührt, der rührt mich an!« (Zit. LÓPEZ VIGIL 1999, S. 91.)

sich wöchentlich mehrere Stunden lang mit einem Team von Priestern und Laien, um über die Situation des Landes nachzudenken, und hernach brachte er diese ganze Reflexion in seine Predigten ein. Darin lag der Schlüssel.«[18]

In früheren Jahren ist Oscar Romero von vielen als ein verschlossener, misstrauischer, skrupulöser und keineswegs lebensfroher Kleriker wahrgenommen worden. (Es gibt in diesem Zusammenhang deutliche biographische Hinweise auf ein problematisches »Kleriker-Psychogramm«, aber auch auf die Offenheit für eine psychologische Begleitung.[19]) Als Bischof der Hauptstadt wirkt Romero dann ganz anders auf seine Mitmenschen: Er geht offen auf sie zu, bittet überall um Hilfe und fordert dazu auf, ihm seine Schwächen und Fehler mitzuteilen. Dieser hochrangige Kirchenmann, der sich selbst als Sünder bezeichnet, kann zuhören, ist fähig, sich helfen zu lassen, und fragt unentwegt andere um Rat.

Ein soziales und prozesshaftes Verständnis von »Amtsgnade«, in dem auch Widersprüche, Verwundungen und Heilungserfahrungen von Amtsträgern zur Sprache kommen, ist nun allerdings mit dem *statischen Machtkomplex* der Priesterideologie schier unvereinbar. Hieraus erklären sich Panik und Dramatik beim hierarchischen Blick auf die Wandlungen, Brüche und Diskontinuitäten in Romeros Biographie. Schon zu Lebzeiten hatten Denunzianten der Römischen Kurie gemeldet, der Erzbischof selbst spreche gar von einer »Bekehrung«. Das aber darf es gar nicht geben, dass ein Bischof, der doch dank heiliger Weihe die höchsten Gnadengaben *besitzt*, sich bekehrt und dies womöglich

---

[18] Zit. LÓPEZ VIGIL 1999, S. 177. Die Getauften hatten somit durch Beratung und hörbare Akklamationen die Möglichkeit, ihren ›Glaubenssinn‹ auszusprechen. Das gilt noch mehr für die in El Salvador bahnbrechend neue, von Romero eingeführte Form des Hirtenbriefs (›Herdenbrief‹), bei welcher alle – auch die Basisgemeinden von Analphabeten, befragt wurde (vgl. LÓPEZ VIGIL 1999, S. 205; auch BROCKMAN 1990, S. 249: Entstehung des 2. Hirtenbriefs). Wie kein anderer ist Romero Vorbild für eine *synodale Kirche*.
[19] Vgl. BROCKMAN 1990, S. 66, 75-77, 248-249, 309, 327, 342 (Anm. 67); LÓPEZ VIGIL 1999, S. 23, 27, 40-42, 254-256. Ausgeglichenheit als Erzbischof: MAIER 2001, S. 54.

den »niedrigsten Gliedern« der Kirche verdankt. In solcher Betrachtungsweise, die bis zur Stunde anhält, geht es einzig darum, die bestehenden Machtverhältnisse in der Kirche abzusichern und Veränderungen unmöglich zu machen. Oscar Romeros Weg als Hirte einer verfolgten Gemeinde zeugt von erstaunlichen Lernprozessen in kürzester Zeit. Sein Vorbild eröffnet gegenwärtig der gesamten Weltkirche auch eine Perspektive der Befreiung aus jenem Klerikalismus, der die Lernunfähigkeit der Hierarchie noch immer zementiert und die Christenheit trotz der abgründigen Zivilisationsentwicklung blockiert.

Wie könnte eine überzeugende Ikone von Oscar Romero kann gemalt werden? Wem sollte es gelingen, in einem Bild die Leiden El Salvadors und eines ganzen Kontinents, den endlosen Chor der Märtyrerinnen und Märtyrer Lateinamerikas und ein – mitnichten überwundenes – Gewalterbe der Geschichte ansichtig werden zu lassen? Am wenigsten eignet sich für Bildnisse das Motiv des abgeklärten Prälaten mit Segensgestus. Denn dieser Bildtypus presst den *Bruder im Kreis von Geschwistern* in ein klerikales Raster, das die meisten Getauften nicht mehr ertragen können. In Romeros Rede vom 2. Februar 1980 zur Verleihung des Ehrendoktorats an der Universität Löwen gibt es keine zwei Klassen von Märtyrern:

»Wenn man nicht davor zurückschreckte, die im Licht der Öffentlichkeit stehenden Repräsentanten der Kirche zu töten, dann können Sie sich vorstellen, was man erst den einfachen Christen angetan hat, den Campesinos, ihren Katecheten und Verkündern des Wortes, den Mitgliedern der Basisgemeinden. Hier geht die Zahl der Bedrohten, Entführten, Gefolterten und Ermordeten in die Hunderte und Tausende. Auch von der Verfolgung waren also, wie immer, die Armen unter dem christlichen Volk am stärksten betroffen. […] Die wirkliche Verfolgung richtet sich gegen das arme Volk, das heute den Leib Christi in der Geschichte verkörpert. […] Und aus diesem Grund hat die Kirche, als sie sich organisierte und vereinte, indem sie die Hoffnungen und Ängste der Armen aufgriff, das gleiche Schicksal erfahren wie Jesus und die Armen: die Verfolgung.«

Somit kann Romero, der die Beauftragung durch die Armen (›Du bist unsere Stimme!‹) angenommen hat, auch als kanonisierter Märtyrer der Weltkirche nur *Repräsentant der vielen* sein.[20] Sein Zeugnis ist in keiner Weise kostbarer als das Martyrium von zahllosen Frauen und Männern, die ob ihrer Bedeutungslosigkeit im Gesellschaftsgefüge heute keiner mehr nennt.

Was bedeutet »Hass auf den Glauben«?

Im Kontext einer vergleichenden Forschung zur Geschichte der Ortskirchen auf allen Kontinenten bietet sich u.a. ein Blick auf die Verfolgung von Christen durch die Machthaber im deutschen Faschismus an. Bei keinem der ermordeten Leutepriester und »Laien« meiner Heimat-Region konnte ich Beispiele dafür finden, dass die Ortsbischöfe die betroffenen Gemeinden aufsuchten, öffentliche Gottesdienste für die Ermordeten feierten und alle Getauften zeitnah zum Gedächtnis der Märtyrer ermutigten.[21] Die Widersprüche zwischen dem kirchlichen Establishment oben (inklusive Nuntius), das sich mit dem nationalsozialistischen Staatsgefüge arrangierte, und einer tödlich verfolgten Kirche unten sind heute umfassend dokumentiert. Mit einer Ausnahme hatten alle Bischöfe z.B. geistliche Beihilfe für Hitlers Rasse- und Vernichtungskrieg gegen die Sowjetunion (mit 27

---

[20] Jon Sobrino: »An Bischof Romero erinnern bedeutet eben nicht, ihn von den anderen Märtyrern zu isolieren, noch heißt es, ihn auf eine Art zu verherrlichen, die alle anderen in den Schatten stellt. An Bischof Romero erinnern heißt vielmehr, an viele andere zu erinnern, viele Propheten und Märtyrer, Campesinos und Verkünder des Wortes in lebendiger Erinnerung zu halten. Es heißt vor allen Dingen, an die Tausende von unschuldigen und wehrlosen Märtyrern ohne Namen zu erinnern. Es heißt, an ein ganzes gekreuzigtes Volk zu erinnern, [jene,] deren Namen niemals öffentlich bekannt werden, aber die für immer ein Teil von Bischof Romero sein werden. Im Leben war er ›Stimme der Stimmlosen‹. Im Tod ist er ›Name derer, die namenlos geworden sind‹.« (Zit. HAGEDORN 2006, S. 31-32.)
[21] BÜRGER 2018a.

Millionen Toten auf russischer Seite) geleistet.[22] Die höchsten Hirten – nicht nur der selbst faschistisch gesonnene Militärbischof Rarkowski – politisierten kräftig zugunsten des Systems, während sie den regimekritischen Seelsorgern jegliche »Politisierung« untersagten. Im Jahr 1945 erklärten sich die Bischöfe nach Niederwerfung des deutschen Faschismus dann aber förmlich zu Säulen des christlichen Widerstandes. Als es ihnen nützlich erschien, ließen sie später auch das Martyrium einfacher Priester erforschen. Die zahllosen ermordeten Frauen und Männer außerhalb des Kleriker-Standes galten jedoch eher als unbedeutsam. Das diesen *Lebenszeugen* gewidmete Gedächtnis in der Kirche ist bis heute noch immer fragmentarisch.

Das deutsche Martyrologium[23], welches auf Anregungen von Johannes Paul II. zurückgeht, zeigt nun aber auf Schritt und Tritt, wie in der Weltkirche mit zweierlei Maß gemessen wird. Auch in Deutschland wurde man 1933-1945 nicht verfolgt, wenn man in rechtgläubiger Weise die Dreifaltigkeit bekannte oder die christologische Formel von Chalcedon korrekt aufsagte, ansonsten aber die Staatsmacht anerkannte. Ermordet wurden vielmehr »Wehrkraft-Zersetzer« und Christen, die im Rassenstaat auf vielfältige Weise die »humani generis unitas«[24] (Einheit des Menschengeschlechts) bezeugten und drangsalierte Menschen – Ebenbilder Gottes – beschützten. Der 1982 von Johannes Paul II. heiliggesprochene polnische Minorit Maximilian Kolbe (1894-1941) hat sein Leben eingesetzt für einen Mitgefangenen im Konzentrationslager und ist deshalb zu Recht als Märtyrer anerkannt. Die von Traditionalisten bzw. Rechten konstruierte Frage nach dem Martyrium Romeros (»Ermordet aus Glaubenshass?«) kann im Vergleich als absurd entlarvt werden, selbst wenn man hierbei die wichtigste Vorgabe aus der Bergpredigt Jesu ganz unberücksichtigt ließe: »Selig sind die, die um der Gerechtigkeit

---

[22] BÜRGER 2019a*; BÜRGER 2019b*; PAX CHRISTI 2017; SCHMID u.a. 2019a; SCHMID u.a. 2019b.

[23] MOLL 2010; zum theologischen Horizont des Martyrologium-Herausgebers, der Ratzinger-Schüler ist, vgl. z.B. auch MOLL 2017*.

[24] Vgl. zur ›humani generis unitas‹: PAX CHRISTI 2017, S. 279-326.

willen verfolgt werden; denn ihnen gehört das Himmelreich.« (Matthäus-Evangelium 5,10) Heute verdanken wir der »Causa Romero« jenes umfassende, wieder mehr am biblischen Zeugnis orientierte Verständnis von Heiligkeit und Martyrium, das Bischof Franziskus von Rom 2017 beleuchtet hat (Motu Proprio »Maiorem hac dilectionem«).[25] Die Glaubenskongregation hätte nun helfen können, allen Getauften dieses Geschenk eines tieferen Verstehens zu vermitteln. Doch nichts dergleichen geschah.

*Erinnerung an die
innerkirchliche Verfolgung Romeros*

Verfolgt wurde Oscar Romero nicht nur von den Mächtigen im weltlichen System El Salvadors, sondern eben auch von Mächtigen im hierarchischen Gefüge der Kirche (→II). Diese *innerkirchliche Verfolgung* dauerte über seinen Tod hinaus, wie Bischof Franziskus von Rom in seiner Ansprache vom 30. Oktober 2015 an eine Pilgergruppe aus El Salvador betont hat. Es standen gegen ihn die Bischofskonferenz des eigenen Landes (mit Ausnahme von Arturo Rivera y Damas), der Nuntius und einflussreiche Kardinäle. Militärbischof Oberst Eduardo Alvarez, der gerne die Uniform des Mörderkomplexes anzog, vereinigte in sich gleichsam beide Gruppen der Verfolger. Somit ist das Besondere am Märtyrer Romero nicht sein Bischofsamt, sondern seine isolierte *Ausnahmestellung* innerhalb des Bischofskollegiums der Ortskirche. Auch hier bietet sich in kirchenhistorischer Sicht wieder ein Vergleich mit Deutschland an. Dort war die Bischofskonferenz 1933-1945 aufgrund von Unreife, Konkurrenzorientierung, Staatshörigkeit und »Ruhebedürfnis« der hohen Amtsträger nahezu handlungsunfähig. Der einzige nennenswerte Vorstoß zur Verteidigung der Menschenrechte ging zurück auf die Mitwirkung eines Ausschusses von Ordensleuten und erfolgte *gegen* das Votum des Vorsitzenden der Bischofskonfe-

---

[25] Vgl. auch DOMRADIO 2017*; zur Theologie von Heiligkeit und Lebenszeugnis: KLEEMANN 2004*; MAIER/NICOLAISEN 2004; SCHOCKENHOFF 2015; WECKEL 1998*.

renz.[26] – Zur Schande gereichten der Weltkirche schon auf vielen Schauplätzen der Geschichte die Bevorzugung bestimmter klerikaler Persönlichkeits-Profile im System der Bischofs-Ernennungen, die Loslösung der »Bischofswürde« vom Charisma aller Getauften sowie bestimmte staatskirchliche Korrumpierungen (z.B. Militärseelsorge statt unabhängige Seelsorge für Soldaten, hohe Bischofsgehälter). Erschreckend ist es, dass bis heute daraus nicht durchgreifende Konsequenzen gezogen worden sind, welche die *kirchlichen Strukturen* betreffen.

Einige neuere Publikationen[27] – darunter auch ein Auswahlband von Jesús Delgado – unternehmen den Versuch, Romero auf die Stufe eines getreuen Lehrers der »kirchlichen Soziallehre« zurechtzustutzen. Im Einzelfall verrät ein Autor wie Roberto Morozzo della Rocca hierbei seinen Standort, indem er etwa den Aufbruch der lateinamerikanischen Kirche nach dem letzten Konzil als »Medellinismus« etikettiert. Solchen kirchenpolitischen Verfälschungen sind unbedingt solide Beiträge zum Geschichtsgedächtnis entgegenzuhalten. Die Quellenlage ist eindeutig. Oscar Romero, der noch 1975 als Konsultor der Päpstlichen Kommission für Lateinamerika zwei Befreiungstheologen aus dem Jesuitenorden förmlich denunziert hat, nahm als Erzbischof von El Salvador die gleichen Theologen in den Kreis seiner Berater. Nie ließ Romero ein Zweifel an der Ursache der Gewalteskalation im Land: »Die Verabsolutierung des Reichtums und Privateigentums bringt die Verabsolutierung der politischen, ökonomischen und sozialen Macht mit sich, ohne die es nicht möglich ist, die Privilegien aufrechtzuerhalten [...]. In unserem Land ist das die Wurzel der repressiven Gewalt.«[28] Die winzige Minderheit der Reichen im Land wollte am Status quo festhalten, der von der Bevölkerung aber nicht mehr akzeptiert wurde. Das bestehende System ließ sich Romero zufolge nur noch mit der »Herrschaft des Geldes und der Macht eines gekauften Militärs« aufrechterhalten.

---

[26] Leugers 1996.
[27] Morozzo della Rocca 2015; Nersinger 2015; Romero 2015.
[28] Zit. Hagedorn 2006, S. 83-83.

Ein neues Hochgebet im 3. Jahrtausend:
Es ist nicht zu spät für eine glückliche Jugend
der menschlichen Familie

Heute verfügen etwa hundert Individuen auf dem Globus über mehr Vermögen als die ärmere Hälfte der gesamten Menschheit. Mit allen Mitteln versuchen die Netzwerke der Besitzenden in Lateinamerika, selbst kleine Fortschritte in Richtung »Gerechtigkeit« wieder rückgängig zu machen. Auch auf den Philippinen werden Priester ermordet, weil sie sich öffentlich dem als Drogenbekämpfung getarnten Massenmord an Armen entgegenstellen. Die geistigen und materiellen Reichtümer der Weltgesellschaft werden nicht in die Zukunft des Lebens investiert, sondern den Todesindustrien des Militärs zugeführt. Romeros Aufruf zu einem aktiven Widerstehen – ohne tödliche Gewalt gegen Menschen – ist also aktueller denn je.

Wir können freilich nicht beim Stand von 1980 stehenbleiben. Noch entschiedener muss heute die Aufklärung zu Haltungen und Strategien einer *aktiven Gewaltfreiheit* ausfallen. Nur sie entsprechen dem Weg Jesu und eröffnen dem Widerstand eine Aussicht auf Erfolg. 2016 hat die Internationale katholische Konferenz »Nonviolence & Just Peace« (Gewaltfreiheit und Gerechter Friede) sich allen Traditionen einer Legitimierung von tödlicher Gewalt entgegengestellt und zugleich Einblicke in die Kompetenzen der weltweiten Kirche auf Schauplätzen des gewaltfreien Widerstehens vermittelt. Die Botschafter der aktiven Gewaltfreiheit und die Vertreter der Befreiungstheologie sollten in einen intensiven Dialog eintreten, denn sie können nur einen gemeinsamen Weg gehen! Gewaltfreier Widerstand ist die einzige Revolution, die den Agenten einer aggressiven Ökonomie, die über Leichen geht, Sorge bereitet. Die Kirche kann durch praxisorientierte Werkstätten auf dem ganzen Globus ihren diakonischen Auftrag erfüllen und dazu beitragen, dass möglichst viele Menschen – nicht nur Christinnen und Christen – mit der intelligenten Methode einer Revolution ohne Blut vertraut werden.

Oscar Romero sah keine Möglichkeit, neutral zu bleiben: »Entweder wir dienen dem Leben der Menschen in El Salvador, oder wir sind Komplizen ihres Todes. Hier muss die geschichtliche Vermittlung einer Grundentscheidung des Glaubens erfolgen: Entweder glauben wir an einen Gott des Lebens, oder wir dienen den Götzen des Todes.« (Löwen, 2. Februar 1980) Die todbringenden Strukturen unserer Zivilisation stellen die Zukunft der gesamten menschlichen Gattung und aller Lebewesen auf dem Planeten in Frage. Dies ist der Horizont eines neuen Eucharistischen Hochgebetes für das dritte Jahrtausend, welches wir so dringend bräuchten.[29]

›Katholizität‹ ist ein lebendiges Beziehungsgeschehen und somit das genaue Gegenteil einer zentralistischen Kirchenideologie, in der Menschen Herrschaft über Menschen ausüben und der gemeinschaftliche kirchliche Sensus zerstört wird. Oscar Romeros Brüderlichkeit zeigt, dass ein Wandel möglich ist. Wir müssen uns – auch angesichts von ›Reformdebatten ohne Botschaft‹ – wirklich entscheiden. Sofern die Kirche sich in kurzer Zeit doch noch von Klerikalismus, Männerbund-Herrschaft unter Ausschluss der Frauen, Sexualneurose und den leeren Fetischen der Angstdogmatik befreien lässt, kann sie an der Verbreitung einer guten Nachricht zur Menschwerdung unserer Spezies mitwirken: »Es ist noch nicht zu spät für eine glückliche Jugend des homo sapiens.«[30]

---

[29] Vgl. BÜRGER 2009, S. 235-268.
[30] https://www.lebenshaus-alb.de/magazin/012186.html

BISCHOF PEDRO CASALDÁLIGA
ZUM 20. TODESTAG OSCAR ROMEROS:

»In der Welt hat niemals zuvor so viel Armut
und Ungleichheit geherrscht, nie war ein
großer Teil der Menschheit von der
Menschlichkeit ausgeschlossen. Wir sprechen
nicht mehr von den Armen, sondern den
Verarmten, den Ausgeschlossenen,
den Überflüssigen. Dass es mehr als eine
Milliarde Menschen gibt, die täglich mit
weniger als einem Dollar leben müssen, ist
mehr als nur ein schweres Unrecht. Denn
es würde weniger als ein Prozent des
des Welteinkommens ausreichen, um die
Armut wirklich zu bekämpfen. Dieses
System des totalen Egoismus, das mit dem
narzissistischen Postmodernismus
einhergeht, hat eine strukturelle Krise
der Solidarität zur Folge.«

(Zit. MAIER 2001, S. 169.)

Nombre de la obra: ›San Romero de América‹.
Nombre Inspirado en el Poema ›A San Romero de América‹
del Obispo Brasileño Pedro Casaldaliga.
(Urheber: Carolina Batista – https://commons.wikimedia.org)

II.

Romeros
innerkirchliche Verfolger

Ein Blick auf die Akteure im Kirchentum der Besitzenden
und in die Abgründe des rechten Klerikalismus[1]

Zusammengestellt
von Peter Bürger

»Gegebenenfalls lasse ich mich lieber als Erzbischof abset-
zen und gehe mit hocherhobenem Haupt, als dass ich die
Kirche den Mächten dieser Welt überlasse.«[2]
Oscar Romero

Das vorangestellte Zitat ist vom Jesuitenprovinzial Cesar Jérez
überliefert worden, und dieser ließ keinen Zweifel daran, dass
Oscar Romero mit den »Mächten dieser Welt« die »*Regierung der
Kirche*, die Mächte Kardinal Sebastiano Baggios ...« gemeint hatte.[3] Der Märtyrer erfuhr Verfolgung nicht nur von den Mächtigen im weltlichen – ökonomischen, politischen und militärischen
– System El Salvadors, sondern eben auch von den Mächtigen im
hierarchischen Gefüge der Kirche.[4] Diese *innerkirchliche Verfolgung* dauerte über seinen Tod hinaus, wie Bischof Franziskus
von Rom in seiner Ansprache vom 30. Oktober 2015 an eine Pilgergruppe aus El Salvador nachdrücklich betont hat.[5] Es standen

---

[1] Erstveröffentlichung (Quelle): ÖkIF 2020*.

[2] Zit. LÓPEZ VIGIL 1999, S. 124.

[3] MAIER 2005.

[4] MAIER 2005.

[5] FRANZISKUS 2015*: »Das Martyrium von Erzbischof Romero geschah nicht nur
im Augenblick seines Todes. Es war ein Martyrium und Zeugnis, vorheriges
Leid, vorherige Verfolgung bis zu seinem Tod. Aber auch danach, denn nachdem
er gestorben war – ich war ein junger Priester und war Zeuge davon –, wurde er

gegen Romero die Bischofskonferenz des eigenen Landes (mit Ausnahme des treuen Arturo Rivera y Damas[6]), der Nuntius, Schaltstellen der Kurie, mächtige Kardinäle und andere einflussreiche Prälaten der Hierarchie.

Das finstere Geheimnis der *innerkirchlichen* Verfolgung von Zeugen des Evangeliums kann beleuchten, wer wiederum die Anbetung von Macht und Geld (samt Ruhebedürfnis und Komfort) auf Seiten der hierarchischen Verfolger mit bedenkt, ebenso die schier unausrottbare Liaison des männerbündischen Klerikalkomplexes mit dem Militär. Häufiger als angenommen kommen auch Folgen der kirchlichen Sexualneurose mit ins Spiel, was z.b. im Fall des abgründigen Rechtsaußen-Kardinals López Trujillo heute auch offen zutage liegt. Die Verfolger tragen Namen, und die wichtigsten Namen sollen in diesem Überblick genannt werden.

1.
DIE SALVADORIANISCHE BISCHOFSKONFERENZ

Am Tag nach Romeros Heiligsprechung 2018 sagte der Erzbischof von San Salvador, Jose Luis Escobar Alas, anlässlich eines Dankgottesdienstes: »Ich bitte um Vergebung für jenen Teil der Kirche, der Romero schlecht behandelt und diffamiert hat, einschließlich seiner Mitbischöfe.«[7]

Die Tagebuchaufzeichnungen Romeros zu den Treffen der salvadorianischen Bischofskonferenz fallen erschütternd aus. Für den 3. April 1978 liest man z.B.: »Ich wurde zur Zielschiebe zahl-

---

angeschwärzt, verleumdet, in den Schmutz gezogen, das heißt sein Martyrium setzte sich sogar durch seine Mitbrüder im priesterlichen und bischöflichen Dienst fort. Ich weiß das nicht vom Hörensagen, ich habe diese Dinge mit eigenen Ohren gehört.«

[6] Vgl. zu ihm als erstem Nachfolger Romeros: PURRER GUARDADO 2012.

[7] Zit. https://www.heiligenlexikon.de/BiographienO/Oscar_Romero.html (Abruf 10.03.2020).

reicher falscher Anschuldigungen seitens der Bischöfe. Man hielt
mir entgegen, meine Predigten seien subversiv und riefen zur
Gewalt auf, meine Priester provozierten unter den Campesinos
Gewaltbereitschaft und wir sollten uns folglich nicht über das
brutale Vorgehen der Behörden beschweren. Man wirft dem
Erzbistum vor, es mische sich in die Angelegenheiten der anderen Diözesen ein und rufe eine Spaltung unter den Priestern sowie pastorale Mißstände in anderen Diözesen hervor. Auch im
Seminar säe das Erzbistum Unfrieden ... Ich zog es vor, nicht zu
antworten.«[8]

Die Familie Barraza wurde Zeuge von Romeros Tränen nach
einer Versammlung der Bischöfe.[9] Die Romero ausgesprochen
feindselig gesonnenen Mitglieder der salvadorenischen Bischofskonferenz waren: Bischof Pedro Arnaldo *Aparicio* (Bistum San
Vicente), Benjamín *Barrera* (Bistum Santa Ana), Weihbischof
Marco René *Revelo* (Weihbischof von Santa Ana, dann von San
Salvador) und Eduardo *Alvarez* (Bischof von San Miguel, zugleich Militärbischof des Regimes).

Pedro Arnaldo Aparicio
Bischof von San Vicente

Der Salesianer Pedro Arnaldo *Aparicio* leitete 1949 bis 1983 das
Bistum San Vicente. Bezogen auf frühere Zeiten gibt es vereinzelt
durchaus noch positive Nachrichten zu diesem Ortsbischof.[10]
Aus Romeros Rom-Brief vom 7.11.1978 geht jedoch hervor, dass
er sich in der Zeit der Bedrängnis als Opportunist erwies: Bischof
Aparcio »ist äußerst wankelmütig, hoffärtig und eigennützig. Er
hat sich sehr tapfer gegen Mißbräuche der Macht und des Wohl-
stands eingesetzt, als es zu seinem Vorteil war. Heute aber liegen
seine Vorteile auf seiten der Regierung, und er macht sich zum

---

[8] LÓPEZ VIGIL 1999, S. 182.
[9] BROCKMAN 1990, S. 156.
[10] Zunächst scheinbar auch noch kurz nach der Ernennung Romeros zum Erzbischof von San Salvador; vgl. z.B. BROCKMAN 1990, S. 45 und 81.

Komplizen ihrer Politik der Verfolgung. Einige seine Handlungen als Präsident der Bischofskonferenz sind sehr willkürlich und treulos gewesen, ja sie haben sogar die Autonomie der Kirche gegenüber der Regierung aufs Spiel gesetzt und die Bischöfe in ihrer Mehrheit gegen die Politik und das Interesse dieser Erzdiözese manipuliert.«[11]

Wegen der befreiungstheologischen Ausrichtung der meisten Theologiestudenten in der Hauptstadt zog Bischof Aparacio 1979 »fast alle Seminaristen seiner Diözese San Vicente aus dem Priesterseminar ab und entsandte sie zum Theologiestudium ins weniger politisierte Mexiko«[12]. Zu ihm schreibt Ulrike Purrer Guardado:»Wie Bischof Alvarez war auch Aparicio für seine rechtskonservative Haltung und große Nähe zum Militär bekannt. Er war Mitbegründer und Leiter der ultrakonservativen Katholischen Vereinigung Caballeros de Crista Rey (Brüder der Ritterschaft Christi), die sich einerseits militante Treue gegenüber der Katholischen Kirche und andererseits eine klare Opposition zum Kommunismus auf die Fahnen geschrieben hatte. Bereits bei den Präsidentschaftswahlen 1967 hatte Aparicio angedroht, die Unterstützer der *Partido Acción Renovadora* (PAR, Partei der Erneuernden Aktion) zu exkommunizieren. Zwei Wochen vor den Wahlen erinnerte die gesamte Bischofskonferenz in einer öffentlichen Pauschalverurteilung des Kommunismus erneut an diese Wahlvorgabe. Ebenso war es Bischof Aparicio, der 1979 als Vorsitzender der CEDES auf die Versammlung des Lateinamerikanischen Bischofsrates in Puebla bezugnehmend die Theologie der Befreiung als ›Theologie der Gewalt‹ verurteilte und Erzbischof Romero und den Jesuitenorden für Gewalt und Terrorismus in El Salvador verantwortlich machte. Seine aggressiven Predigten stellten alle gesellschaftlich engagierten Christen und Priester gleichermaßen an den Pranger. Dabei ist bemerkenswert, wie offen er – beinahe dem Duktus des Militärs und der Todesschwadronen folgend – die Priester seiner eigenen Diözese ächtete. Im März 1978 exkommunizierte er zehn Priester seiner Diözese,

---

[11] Brockman 1990, S. 197.
[12] Purrer Guardado 2012, S. 65.

nachdem sie mit mehr als 300 weiteren Geistlichen einen öffentlichen Brief an den Nuntius unterzeichnet hatten, in dem sie Erzbischof Romero ihre Unterstützung aussprachen. Anschließend wandten diese sich unter der Stimmführung von Pater Alirio Napoleón Macías, der wenig später ermordet wurde, hilfesuchend an Rivera y Damas. [...] Der ideologische Vorwurf Aparicios richtete sich bald nicht mehr allein gegen die Volksorganisationen, Gewerkschaften und Bauern- und Schülervereinigungen, sondern auch gegen das pastorale Profil der Erzdiözese San Salvador unter der Leitung von Erzbischof Romero und des langjährigen Weihbischofs Rivera y Damas. Der Wochenzeitung *Orientación*, dem offiziellen Presseorgan des Erzbistums, warf Aparicio vor: ›sie verwirrt das Volk und erreicht hoffentlich nicht unsere katholischen Familien; hoffentlich erreicht sie auch die Bauern nicht‹. Für nationale wie internationale Irritation sorgte das hohe Maß der Zusammenarbeit zwischen Aparicio und dem salvadorianischen Militär. Eine Delegation deutscher Theologen, die El Salvador von Dezember 1981 bis Januar 1982 besuchten, berichtete im Anschluss, Aparicio habe als Militärbischof die wenige Wochen zuvor aus den USA eingetroffenen Militärhubschrauber gesegnet, die anschließend gegen die Guerilla und die Zivilbevölkerung eingesetzt wurden. Außerdem habe er öffentlich die US-amerikanische Bischofskonferenz kritisiert, nachdem sie sich gegen eine militärische Intervention der Vereinigten Staaten in Mittelamerika ausgesprochen hatte.«[13]

Der Priester David Rodríguez wird später berichten:»Ich mußte in den Untergrund gehen. Durch die Landbesetzungen und die Kämpfe der Campesino-Organisationen war ich in San Vicente recht bekannt. Alle meine Bewegungen wurden kontrolliert, und die Sicherheitskräfte waren heiß darauf, mich zu greifen. Mein Bischof, Monseñor Aparicio, hatte mich exkommuniziert und a divinis suspendiert und ich weiß nicht wie viele Maßnahmen sonst noch gegen mich verhängt. Er sprach öffentlich in seiner Neun-Uhr-Messe über mich, und meine arme Mut-

---

13 PURRER GUARDADO 2012, S. 72-73.

ter litt, wenn sie seine Beschimpfungen mit anhören mußte.«[14] (Die von Aparicio exkommunizierten Priester konnten sich im Hospital treffen, wo Oscar Romero wohnte.)

Romero griff in seinen Tagebuchaufzeichnungen die Verhaftung von zwei Priestern und eines Laien am 5. Oktober 1978 durch die Guardia auf, die dann nach ihrer Freilassung mitteilten, Bischof Aparicio sei bei der Polizei erschienen und habe »statt die Kirche zu verteidigen der Polizei Recht gegeben«[15].

Julian Filichowsky berichtet von seiner journalistischen Tätigkeit auf der lateinamerikanischen Bischofsversammlung von Puebla 1979: »Wirbel machte [...] Monseñor Aparicio, der als Vertreter der Bischofskonferenz von El Salvador in Puebla war. Mit einem Freund suchte ich ihn zu einem Interview auf, weil ich hören wollte, was er zu sagen hatte. Und er hatte allerlei Gemeinheiten auf Lager! Unter anderem machte er Romero für alles verantwortlich, was in El Salvador vorging: Bomben, Entführungen, Guerillatraining für Kinder. Er verstieg sich sogar zu der Behauptung, die Verschwundenen seien Leute, die sich versteckt hätten, um der Regierung zu schaden ...«[16]. Im Einzelnen hatte

---

[14] Zit. LÓPEZ VIGIL 1999, S. 203.
[15] Zit. BROCKMAN 1990, S. 197.
[16] Zit. LÓPEZ VIGIL 1999, S. 190-191. Mit solchen Lügen leugneten die Majoritätsbischöfe die Kirchenverfolgung und besorgten die Sache des Regimes. Bei der Trauerfeier für den ermordeten 34jährigen Pater Octavio Ortiz predigte hingegen Romero am 21. Januar 1979 über die Repressionen gegen Vertreter der Kirche: »Trotz alledem behauptete der [salvadorianische] Präsident in Mexico, es gebe keine Kirchenverfolgung. Er bringt die Dinge in die Schlagzeilen der ersten Seite unserer Zeitungen, die durch die Ereignisse hier in der Kathedrale Lügen gestraft werden. [...] Der Präsident beschwerte sich in Mexico, es gebe in der Kirche eine Krise wegen ›Drittewelt-Priestern‹. Er behauptete, die Predigten des Erzbischofs seien politische Predigten und der Erzbischof besitze nicht die Spiritualität, welche andere Priester noch predigen. Nein, ich mißbrauche meine Predigt nicht, um meine Anwartschaft auf den Nobelpreis zu fördern. Wie eitel denken sie denn, daß ich sei! [...] Zur Frage, ob die ›Vierzehn Familien‹ [ein geläufiger Name für die Oligarchie] in El Salvador eigentlich existierten, verneinte es der Präsident; nichts davon existiere – wie er auch die Existenz verschwundener Personen und politischer Gefangener abstritt. [...] [*Romero berichtet, wie er auf Anfrage eines Journalisten aus Mexico auf die Kirchenverfolgung und Gewalttätigkeit des Regimes hingewiesen habe.*] Die Kirche ist der Meinung, dies sei ihre Aufgabe: das

Bischof Aparicio den Reportern in Puebla im Duktus rechtskleri-
kaler Geschwätzigkeit und Niedertracht erzählt, »Jesuiten seien
für die Gewalttätigkeiten in El Salvador verantwortlich, Romero
erlaube marxistischen Priestern, ihn zu beeinflussen, die verschwundenen Personen in El Salvador hielten sich einfach versteckt und hätten sich den Guerilleros angeschlossen, rebellische
Priester würden Kinder für den Guerillakampf ausbilden.«[17]
Mehr an Zündstoff für ihre Verbrechensrechtfertigung konnten
die Priestermörder Lateinamerikas wirklich kaum bekommen.

Die Politisierungen – zugunsten der Rechten – in den Predigten dieses Bischofs wurden immer unerträglicher. Am 9. September 1979 verkündete Aparicio – im Gegensatz zu einer eigenen früheren Erkenntnis, die »Patres Grande, Navarro, Palacios
und Macías seien alle von Linksextremisten getötet worden«, als
sie sich von linken Organisationen lösen wollten.[18] Die Bauern-
organisation FECCAS-UTC sei kommunistisch und die vielen
christlichen Mitglieder in ihr sollten sich als exkommuniziert be-
trachten.

Während Romero am nachfolgenden Sonntag seine Zunei-
gung zu den ermordeten Priestern erklärte, wiederholte Bischof
Aparicio seine glühenden Attacken: Mehrere Priester und Ordensfrauen würden der »kommunistischen Linie« folgen; *niemand* verfolge die Kirche in El Salvador, ausgenommen jene lin-
ke Organisationen, die Kirchen besetzten und Gottesdienste stör-
ten.[19]

Bildnis Gottes im Menschen zu verteidigen. Und ich sagte ihm schließlich: Nehmen Sie bitte zur Kenntnis, daß die Auseinandersetzung nicht zwischen Kirche
und Regierung, sondern zwischen Regierung und Volk stattfindet. Die Kirche ist
beim Volk, und das Volk ist bei der Kirche, Gott sei Dank.« (Zit. BROCKMAN 1990,
S. 210-211.)
[17] BROCKMAN 1990, S. 217.
[18] BROCKMAN 1990, S. 243.
[19] BROCKMAN 1990, S. 244-245.

Benjamín Barrera y Reyes MJ
Bischof von Santa Ana

Benjamín Barrera (geboren 1902) war von 1954-1981 Bischof der Diözese Santa Ana. Im März 1977 betonte der eigentlich pensionsreife Ortsbischof nach Ausweisungen von Priestern und einer Zunahme von Gewalttaten des Militärapparates, ein Bruch der salvadorianischen Bischöfe »mit der Regierung könnte schlimme Folgen nach sich ziehen«[20]. Am 1. Juli 1977 nahm er zusammen mit Bischof Alvarez und dem Nuntius an den von Romero wegen der Kirchenverfolgung boykottierten Feierlichkeiten zur Amtseinführung des neuen Staatspräsidenten teil; er habe, erklärte Barrera, so »der Kirche einen Dienst erwiesen, damit sie in ihren Handlungen freier sei. Er habe die Staatsautorität immer geachtet; seine Handlungsweise habe den Herren der Regierung geholfen, die Autorität der Kirche zu respektieren«[21]. Die Herrschaftsideologie vom »gottgewollten Staatsgehorsam« gehörte somit zu seinen Maximen, ebenso eine abstruse Vorstellung von »gesellschaftlicher Bedeutsamkeit« (Anerkennung) der Kirche. In Rom gingen Berichte über sogenannte »Politisierung« und »marxistische Tendenzen« der Seminaristen in der Hauptstadt ein; Barrera beteiligte sich daran, z.b. durch ein auch an den Nuntius gerichtetes Schreiben seiner gleichgesinnten Amtsbrüder vom 12.01.1978.[22] Er unterschrieb auch das 10-seitige Dokument »Politisch-religiöse Situation in El Salvador« (Mai 1979), mit dem er und die Bischöfe Aparicio, Alvarez und Revelo dem Vatikan ihren Fundamentalangriff auf Romero unterbreiteten: »Es zeichnet den Erzbischof als gleichzeitig naiv und verschlagen, als einen, der Kirche und Land eine politisierte und marxistische Auffassung von Seelsorge aufzuzwingen versucht, der sich in andere Diözesen einmischt, von einer Gruppe radikaler Priester geführt

[20] BROCKMAN 1990, S. 21.
[21] BROCKMAN 1990, S. 99 und 102.
[22] BROCKMAN 1990, S. 159.

wird, mit der ›marxistischen‹ FECCAS-UTC und BRP verbunden ist, den Terrorismus segnet und die Regierung verleumdet.«[23]

Romero beurteilte diesen Bischof in seinem Brief vom 7.11.1978 nach Rom so: Bischof Barrera »ist ein 76 Jahre alter Mann und hat sich noch nie für eine Pastoralpolitik mit ernsthaftem evangelischem Engagement für sein Volk entschieden.«[24]

Marco René Revelo
Weihbischof von Santa Ana, dann von San Salvador

In den 1970er Jahren war Marco René Revelo (1923-2000) ein Gegner der Basisgemeinden, der Pastoralarbeit der Jesuiten und der neuen Linie Romeros (seit der Ermordung von Rutilio Grande SJ).[25] Ursprünglich hatte sich Romero dem Weihbischof von Santa Ana, der ihm ab Januar 1978 als Weihbischof im Hauptstadtbistum San Salvador zur Seite stand, durchaus verbunden gefühlt und ihn lange gegen Vorwürfe von Leutepriestern verteidigt. Indessen war Marco René Revelo ein erbitterter Gegner Romeros, der vor keiner Illoyalität und Verleumdung zurückschreckte – und auch alle Initiativen der Bischofskonferenz-Mehrheit gegen den Erzbischof von San Salvador mittrug.[26] (Zur Belohnung ernannte ihn der Vatikan später im Februar 1981 zum Ortsbischof von Santa Ana.)

Am 4. Oktober 1977 hieß es in einem Zeitungsbericht, Bischof Revelo habe als Delegierter El Salvadors auf der Bischofssynode in Rom »erklärt, die salvadorianischen Katechisten auf dem Lande würden von Marxisten beeinflusst«; der von Romero angeforderte Originaltext bestätigte rundherum, dass Revelo solche Behauptungen, die den Mördern von Christ*innen zuspielten, tatsächlich aufstellte: »Die am besten ausgebildeten Katechisten

[23] BROCKMAN 1990, S. 237.
[24] Zit. BROCKMAN 1990, S. 197.
[25] PURRER GUARDADO 2012, S. 72.
[26] BROCKMAN 1990, S. 129, 197-199, 237, 289. Wurde der bequeme Revelo ähnlich wahrgenommen wie Romero selbst um das Jahr 1967 (LÓPEZ VIGIL 1999, S. 27)?

auf dem Lande mit ihren hervorragenden Führungsqualitäten fallen rasch in das Netz der kommunistischen Partei und der extremen linken Maoisten-Gruppen. Sie schließen sich ihnen an. Andererseits wird die Arbeit der Nationalen Katechetischen Kommission zur Ausbildung der Leiter oftmals durch das Desinteresse der Pfarrer verdorben, die es vorziehen, mit den Campesinos zu arbeiten, weil das leichter ist. [...] schwerwiegender ist die Gruppe von Priestern, die überzeugt sind, die einzige mögliche Lösung für die Unterdrückung [...] sei Kooperation mit dem Marxismus«.[27]

Der infame Kurienkardinal Sebastiano Baggio hatte Revelo die ›vatikanische Anweisung‹ gegeben, Romero zu überwachen bzw. zu zügeln (und damit von vornherein jede Möglichkeit einer gedeihlichen Zusammenarbeit zunichte gemacht).[28] Revelo entzog seinem Ortsbischof Romero im November durch eine eigenmächtige – kirchenrechtlich gesehen illegale – Intrige die Leitungsfunktion der nationalen Caritas (bedeutsam, weil die Regierung am Verteilungssystem beteiligt war und so z.b. auch Verfolger der Kirche der Armen potentiell in den Genuss von Hilfsgütern kommen konnten). Er vernachlässigte als bequemer Prälat nicht nur seine Seelsorgeaufgaben und Mitarbeit in den Priestergremien, sondern ignorierte in der Sakramenten-Pastoral auch die Leitlinien des Bistums (z.B. firmte er weiterhin kleine Kinder, überdies ohne die vorgesehene Katechese).

Revelo hatte sich längst gegen Romero entschieden, als dieser ihn noch als möglichen Freund betrachtete; mit seinem Machtpsychogramm war es z.b. bereits unvereinbar, dass Romero neben ihm als Weihbischof noch Ricardo Urioste als Generalvikar an der Leitung des Hauptstadtbistums beteiligen wollte.[29]

---

27 BROCKMAN 1990, S. 129-130.
28 Romero schrieb 1978 an Baggio: »In brüderlicher Aufrichtigkeit muss ich Ihnen sagen, dass der Heilige Stuhl und meine bischöflichen Brüder die Grundlage dieses Vertrauens untergraben haben; denn Bischof Revelo gibt selber zu – und Sie haben es bestätigt –, dass er dazu ernannt worden sei, ›mir die Zügel zu straffen‹. Der Nuntius und die Bischöfe gebrauchen eben diesen Auftrag, um Zwietracht anzuzetteln, die jede herzliche Beziehung zerstört.« (BROCKMAN 1990, S. 74.)
29 BROCKMAN 1990, S. 132-136. Bezeichnend: Kardinal Baggio hielt Ricardo Urio-

Die salvadorianischen Streitkräfte »schrieben die Morde an den Priestern [der Kirche der Armen] der extremen Linken zu. In diesen Behauptungen wurden sie von Bischof Revelo unterstützt«[30]. – Ein Jahrzehnt nach Romeros Tod reiste Revelo zusammen mit Bischof Tovar Astorga OFM und dem Sekretär der nationalen Bischofskonferenz nach Rom, um dort im absoluten Gegensatz zum Hauptstadtbischof Arturo Rivera y Damas SDB (1923-1994) allen Ernstes zu behaupten, die am 16. November 1989 wie Oscar Romero vom Militärapparat der Reichen ermordeten Jesuiten Ignacio Ellacuría, Ignacio Martín-Baró, Segundo Montes, Juan Ramón Moreno, Amando López und Joaquín López y López (sowie Julia Elba Ramos mit ihrer Tochter Celina) seien von der linken Guerilla getötet worden[31]. Die Schändung des Gedächtnisses von Märtyrern der Kirche durch sogenannte Bischöfe war also 1989 noch immer nicht vorbei.

José Eduardo Alvarez C.M.
Bischof von San Miguel, zugleich Militärbischof des Regimes

José Eduardo Alvarez C.M. war 1969-1997 Bischof von San Miguel und ab 1968 (bis 1987) auch Militärbischof für die Streitkräfte der Herrschenden: »Seine Nähe zum Militär sowie seine äußerst konservative pastorale Ausrichtung führten immer wieder zu Uneinigkeiten innerhalb des Klerus sowie zwischen seiner Person und den Gemeinden.«[32] Schon 1972 hatte der nach rechts und im Sinne von Staatstheologie politisierende Alvarez in einer eigenen Danksagungsmesse für die durch Betrug erzielte Wahl von Präsident Molina gepredigt: »Wir sehen in dieser Ernennung die Hand Gottes. [sic!] Der designierte Präsident ist die einge-

---

ste, den Romero in Einklang mit seinem Vorgänger Erzbischof em. Chávez und Bischof Rivera ernannt hatte, fälschlicherweise für einen Jesuiten (ebd., S. 173).
[30] PURRER GUARDADO 2012, S. 59.
[31] PURRER GUARDADO 2012, S. 70 (auch der Apostolische Nuntius de Nittis war erschrocken über die Kaltherzigkeit der salvadorianischen Bischofskonferenz angesichts des Mordmassakers von 1989).
[32] PURRER GUARDADO 2012, S. 72.

setzte Autorität. Alle Autorität kommt von Gott, und wir Katholiken, als Kirche, sind auf der Seite der eingesetzten Autorität.«[33] Nach dem Wahlbetrug von 1972 hatte das Militär Proteste mit Blutgemetzeln beantwortet, so auch im Armenviertel El Carmen (San Salvador). Miguel Ventura berichtet, er habe Alvarez,»der auch Oberst des Heeres war und seit Jahren enge Beziehungen mit den Militärs unterhielt«, als Theologiestudent kurz vor dem Abschluss damals gebeten, den Menschen in El Carmen Trost zu spenden; der Militärbischof habe erwidert:»Diese Leute haben es so gewollt, jetzt sollen sie es auch ausbaden.«[34] Später unterstand Miguel Ventura als Priester seinem Ortsbischof Alvarez und wurde Opfer von Folter des Militärs; der Militärbischof verteidigte ihn jedoch nicht und ließ als»theologische« Weisheit wissen:»Pater Miguel ist als Mensch und nicht als Priester gefoltert worden.«[35] (Fabio Argueta berichtet als Zeitzeuge im gleichen Zusammenhang auch von der geradezu entgegengesetzten Einschätzung Oscar Romeros:»Menschen, die ihresgleichen foltern, sind Agenten des Teufels.«)

Nach der Beerdigung des ermordeten Rutilio Grande SJ im März 1977 kamen alle Priester des Hauptstadtbistums zusammen; es wurde aber – offenbar nach entsprechenden Vorschlägen – noch»nichts unternommen, um [...] den Militärbischof und die Feldgeistlichen aufzufordern, von ihrem Dienst zurückzutreten.«[36] Wegen der Untätigkeit der Regierung bezogen auf die Aufklärung des Mordes an Pater Grande und zwei weiteren Mitgliedern von dessen Gemeinde blieb Oscar Romero den Feierlichkeiten zum Amtsantritt von Präsident Carlos Humberto Romero am 1. Juli 1977 fern; Bischof Alvarez nahm hingegen (ebenso wie Bischof Barrera) demonstrativ teil und erklärte später bei einem Treffen der CEDES (Bischofskonferenz), er habe dies aus Überzeugung getan.[37] Skandalös ist die Botschaft ›Es

---

[33] Zit. BROCKMAN 1990, S. 100.
[34] Zit. LÓPEZ VIGIL 1999, S. 35.
[35] LÓPEZ VIGIL 1999, S. 140-141.
[36] BROCKMAN 1990, S. 28.
[37] PURRER GUARDADO 2012, S. 60.

gibt keine verfolgte Kirche‹, die José Eduardo Alvarez danach
zur Rechtfertigung seiner Teilnahme an der von Oscar Romero
und drei weiteren Bischöfen boykottierten Einführung des neuen
Präsidenten in seiner Bistumszeitung ›Chaparrastique‹ veröffent-
lichte:»Ich bin zufrieden und glücklich, eine Aufgabe der Kirche
ausgeführt zu haben, indem ich am 1. Juli 1977 persönlich die
Übergabe der Präsidentschaft in der Nationalen Sporthalle mit-
verfolgt habe. ... Außerhalb jeglicher Politik, mit dem Bewußt-
sein eines Hirten im täglichen Dienst am Volk, haben Bischof
Barrera von Santa Ana und ich, Euer Bischof von San Miguel
und Militärbischof, an dieser großartigen Zeremonie teilgenommen. – Es gibt keine verfolgte Kirche. Es gibt nur Söhne der Kirche, die – in der Absicht zu dienen – ihren Weg verloren haben
und sich außerhalb des Gesetzes stellen. – Hinter uns steht ein
Volk, und wir werden eine Brücke des Wohlwollen für alle Salvadorianer sein, soweit wir ihnen dienen können. – Es gibt keine
verfolgte Kirche. Es gibt nur eine Kirche, die stets ihrer Pflicht
nachkommen wird, Gott zu verherrlichen und dem Volk zu dienen.«[38]

Während der salvadorianischen Bischofskonferenz vom 11.-
13. Juli 1977 erklärte der Militärbischof zudem,»Kirche und Regierung, wenigstens die Bischöfe und der Präsident, hätten stets
herzliche Beziehungen gepflegt und die Kirche sei rücksichtsvoll
behandelt worden. Aber in den vergangenen fünf Jahren seien
gewisse Priester und Laien, unterstützt von gewissen Bischöfen
und den Jesuiten, von der rein pastoralen Tätigkeit abgewichen.
Im November 1976 seien Gerüchte in Umlauf gekommen, daß
gewisse Priester aus dem Weg geräumt werden sollten, was im
Tod Grandes und Navarros und dem Überfall auf Aguilares gip-
felte. Alvarez betrachtete den Angriff auf Aguilares als ein Problem der Verteidigung von öffentlicher Ordnung und nationaler
Sicherheit. Er habe der Amtseinsetzung aus Überzeugung bei-
gewohnt.«[39] (Bischof Barrera sekundierte:»Er habe die Staatsautorität immer geachtet; seine Handlungsweise [Teilnahme an der

---

[38] Zit. BROCKMAN 1990, S. 99.
[39] BROCKMAN 1990, S. 102.

Amtseinführung des Präsidenten] habe den Herren der Regierung geholfen, die Autorität der Kirche zu respektieren.«[40])

In einem vertraulichen Brief an Kardinal Baggio (Präfekt der Bischofskongregation) vom Juli 1977 griff Oscar Romero »den Fall des Militärbischofs Alvarez von San Miguel auf, der ›schwer auf mir lastet und dringend einer Lösung bedarf‹. Er sei seiner Freundschaft mit der Regierung und der wohlhabenden Schicht wegen bekannt. Seine Priester beklagen sich über sein mangelndes Interesse an ihnen. Er akzeptiere liturgische Verpflichtungen in San Salvador für Personen, die dem Erzbischof nicht wohlgesinnt seien. ›Unter den Gläubigen seiner Diözese genießt er wenig Sympathie wegen seiner *Vorliebe für Regierung und Militarismus.*‹ Die Bischofskonferenz sei der Meinung, er sei untauglich und sogar schädlich als Militärbischof. Er hatte nichts für die Kirche unternommen, als eine Militärregierung sie mit Füßen trat, nicht einmal während der Besetzung von Agilares. Unter diesen Umständen glaubte die Bischofskonferenz, es wäre besser, das Militärvikariat zu streichen.«[41]

Am 11. Oktober 1977 bat Oscar Romero den in Rom weilenden Weihbischof Revelo schriftlich, in der vatikanischen Kongregationsabteilung für Militärbischöfe »über diese heikle Sache des schlechten Beispiels dieses Vikariats [Militärvikariat El Salvador]« vorzusprechen.[42]

Am 3. November 1977 überfielen Militärs eine Gruppe nahe der salvadorianischen Stadt Osicala, drangen in die Kirchen ein, folterten den Pfarrer Miguel Ventura und verhafteten weitere Christen; Militärbischof Alvarez schwieg zum Entsetzen der christlichen Gemeinschaften, leugnete späte eine Schändung des Tabernakels durch Militärs und ließ die Bischofskonferenz schließlich im Dezember wissen, der Seelsorger »Ventura sei politisch gewesen und habe deshalb die Konsequenzen erfahren müssen«.[43]

---

[40] BROCKMAN 1990, S. 102.
[41] BROCKMAN 1990, S. 106 (Kursivstellung P.B.).
[42] BROCKMAN 1990, S. 132.
[43] BROCKMAN 1990, S. 136.

»Jedermann nennt ihn Oberst«, sagte Romero im Sommer 1978 beim Gespräch mit Vatikan-Staatssekretär Casaroli über den Militärbischof Alvarez.[44] Im August 1978 sprachen die Romero feindselig gesonnenen Bischöfe den von vielen Christen getragenen Volksorganisationen FECCAS und UTC das Recht ab, einen »Schutz der Kirche« einzufordern; die Organisationen antworteten auf den Vorwurf illegitimer Politik mit einer Kritik der Bischöfe: »Dabei gehört einer von ihnen, Bischof Eduardo Alvarez, als Oberst in der Armee zur Unterdrückungsmacht. Die militärischen Truppen in unserem Land betätigen sich gleichermaßen im engsten Sinne politisch, da sie aufgrund ihres Berufes und ihrer Gewalttätigkeit an der Macht sind und militärisch gegen Volk und Kirche vorgehen.«[45] Romero fasste in seinem Brief vom 7.11.1978 an die Kirchenleitung in Rom zusammen: Bischof Alvarez »ist auch Militärbischof, und seine Pastoralpolitik besteht darin, bei den Behörden, den Militärs hohen Ranges und bei den Machthabern Privilegien aufrechtzuerhalten. Der Klerus und das Volk seiner Diözese beklagen sich über den Mangel an Pastoral.«[46]

Als ausgerechnet Militärbischof Alvarez, der schlimmste Kollaborateur des Regimes und der Priestermörder im Land, am 19.11.1979 zum Präsidenten der salvadorianischen Bischofskonferenz gewählt worden war, konnte der Kommentator des Kirchenradios YSAX sein Entsetzen kaum verbergen.[47]

Zu den ›Mächtigen‹, die Oscar Romero verfolgt haben, gehörte also der salvadorianische Armeebischof, Oberst Eduardo Alvarez.[48] Der sonst so vornehme Jon Sobrino SJ hat diesen Spitzenmann der Militärkirche in El Salvador »einmal als mostro, als

---

[44] BROCKMAN 1990, S. 178.
[45] BROCKMAN 1990, S. 185.
[46] Zit. BROCKMAN 1990, S. 197.
[47] Vgl. BROCKMAN 1990, S. 278.
[48] Noch 1995 ernannte Rom ausgerechnet den Opus Dei-Geistlichen Fernando Saénz Lacalle, *Militärbischof* der salvadorianischen Armee, zum Erzbischof von San Salvador. Fortan ging die Kirche der Armen in der Hauptstadt auch im wörtlichen Sinn in die »Katakomben«.

verdadera bestia – also als Monster und Bestie« charakterisiert.[49] Dies erscheint uns nun kaum mehr als Übertreibung. Doch ist auch Alvarez Agent und zugleich Opfer eines größeren Monsters: der seit 1700 Jahren andauernden Kult-Tradition des als christlich bezeichneten ›Kriegs- & Krieger-Kirchentums‹, welches noch in jedem Faschismus der Neuzeit sich mit Mördern und Christenverfolgern ins Bett gelegt hat.[50] Auf der Gegenseite steht – für einen neuen Aufbruch der Kirche in unseren Tagen – Oscar Romero. Dieser selbst von Militärangehörigen drangsalierte Anwalt der Armen ist heute ein bedeutsamer Helfer für die Kritik des abgründigen staatlich-klerikalen Militärkirchenwesens.[51] In seinem Tagebucheintrag[52] vom 13. April 1979 wendet sich Romero z.b. dagegen, dass eine Militärmusikkapelle der repressiven Einheiten bei der Prozession beteiligt wird. Am 7. September 1979 notiert er ins Tagebuch:»Sie [die Militärs] wollten mir alles bieten, was ich an Sicherheit wünschte, auch einen gepanzerten Wagen. Ich dankte ihm [dem Oberst Iraheta], bat, Grüße an den Präsidenten auszurichten und mein Beileid zum Tod seines Bruders. Den mir angebotenen Schutz könne ich nicht annehmen, weil ich unter demselben Risiko leben will wie das Volk auch; es wäre für die Seelsorge ein Antizeugnis, wollte ich in Sicherheit leben, während mein Volk in großer Unsicherheit ist. Doch bat ich ihn bei dieser Gelegenheit lieber um Schutz für das Volk in bestimmten Zonen, in denen die Sperren, die Militäroperationen viel Blutvergießen anrichten oder wenigstens viel Schrecken verbreiten. Ich teilte ihm mit, dass ich selbst Gegenstand dieser Schikanen gewesen war, als sie mich vor Arcatao durchsuchten und mich dabei die Hände hochheben ließen.« – Der staatskirchlich agierende Militärbi-

---

[49] So Martin Maier SJ in seinem Vortrag am 19. März 2005 in Luzern. (Dokumentiert in der Schweizer Zeitschrift: *Neue Wege* Bd. 99 (2005), Heft 5, S. 143.
[50] SCHMID u.a. 2019b.
[51] SCHMID u.a. 2019a.
[52] Benutzte Tagebuch-Edition: ROMERO 1983, S. 104-105, 190-191. – Nach Romeros Tod zeigte z.b. Kardinal Paulo Evaristo Arns OFM beim Brasilienbesuch von Papst Johannes Paul II. 1980 eine strikte Distanz zum Militär (ALLEN 2002, S. 139).

schof war aus Romeros Sicht untragbar. Durch seinen Protest gegen die gigantischen US-Waffenlieferungen[53] an das Regime wollte der Erzbischof von San Salvador auch verhindern, dass noch mehr seiner Landsleute Instrumente zur Tötung ihrer Mitmenschen in die Hand bekamen. Oscar Romeros geistlicher Beistand für die Soldaten bestand – neben Voten für die Verbesserung ihrer sozialen Lage[54] – darin, sie zur *Befehlsverweigerung* aufzurufen.[55] *Deshalb* wurde er ermordet.

Die Urkunde des Hasses aus dem Bischofskollektiv

Die Befunde sind klar: Die Bischöfe der Majorität verlegten sich keineswegs nur auf Zurückhaltung und Stillschweigen, um etwa Privilegien wie Unterstützungen des Staatssektors für kirchliche Infrastrukturen etc. zu erhalten. Vielmehr kollaborierten sie regelrecht mit dem Regime, teilten dessen Feindbilder, rechtfertigten Gewalt der ›Sicherheitskräfte‹ und machten zum Teil durch Verleumdungen ihre Mitchristen geradewegs zum Freiwild.

Generalsekretär der Bischofskonferenz von Salvador (CEDES) war der von vielen Priestern nicht akzeptierte Monsignor Freddy Delgado, welcher der Konferenzmehrheit eifrig zu Diensten stand.[56] Spuren seiner Aggressivität gegenüber der Kirche der Armen findet man noch heute im Internet.

---

[53] Vgl. zu Romeros Einspruch z.B. BROCKMAN 1990, S. 269.

[54] Vgl. LÓPEZ VIGIL 1999, S. 287-288.

[55] Aus Romeros Predigt vom 23.3.1980, am Vortag seiner Ermordung:»Ich wende mich mit meinem Aufruf ganz besonders an die Männer in der Armee. Brüder, jeder einzelne von euch ist einer von uns. Wir alle gehören zu demselben Volk. Die Bauern, die Landarbeiter, die Menschen, die ihr tötet, sind eure Brüder und Schwestern. Folgt nicht den Worten desjenigen, der euch auffordert zu töten. Denkt an die Worte Gottes: Du sollst nicht töten! Kein Soldat ist verpflichtet, einem Befehl zu gehorchen, der im Gegensatz zu den Geboten Gottes steht. In seinem Namen und im Namen unseres gequälten Volkes, das so viel leiden musste und dessen Klagen zum Himmel schreien, flehe ich euch an, bitte ich euch, gebe euch den Befehl: Hört auf! Hört auf mit der Unterdrückung!, beschwöre ich euch, bitte ich euch, befehle ich euch im Namen Gottes: Beendet die Repression!« (zit. ADVENIAT 2012*, S. 15.)

[56] Vgl. zu ihm: BROCKMAN 1990, S. 78, 157, 173, 182, 184, 198, 325.

48

Das vielleicht infamste Zeugnis der Verfolgung Romeros durch die salvadorianische Bischofskonferenz ist ein am 18. Mai 1979 von Romero in seinem Tagebuch kommentiertes zehnseitiges Hetz-Dokument der Bischöfe Aparicio, Alvarez, Barrera und Revelo, das diese zur Vorlage in Rom verfasst hatten[57]: Der Erzbischof wolle der Kirche eine marxistische Auffassung von Seelsorge aufzwingen und arbeite mit Kräften zusammen, die den Terrorismus segnen und die Regierung verleumden. Ermordete Märtyrerpriester werden als linksradikale Überläufer verleumdet, umgebracht von den eigenen Leuten oder auch während einer Indoktrination junger Rekruten, mit der Waffe in der Hand. Katechisten und Gemeinde-Animatoren werden als »echte Guerilleros und Terroristen« vorgestellt. Das Bistumsradio YSAX, die Bistumszeitung *Orientación* und die Jesuiten würden die ganze Welt mit Medienlügen über Menschenrechtsverletzungen und Kirchenverfolgung in El Salvador täuschen; gegen diese internationale Verleumdung müsse sich der nationale Staat zur Wehr setzen. Oscar Romero sei das »Prunkstück« diese ganzen Lügenkampagne, habe sich entsprechend in Puebla in Szene gesetzt und fördere – unter Abkehr vom orthodoxen ›Dogma‹ – eine Seelsorge, die zum Klassenkampf aufstachelt. Den Menschen, die ihm applaudieren, erzähle er unter Missachtung der orthodoxen Lehre über die kirchliche Hierarchie von einem Lehramt aller Getauften (*Magisterium des Gottesvolkes*) etc. ... Zu den weiteren Priestermorden im Sommer 1979, zuletzt an Rafael Palacios (20. Juli 1979), schwieg sich die Bischofskonferenz aus[58], das war nicht ihre Sache.

Eine Kirche mit solchen Bischöfen braucht wahrlich keine anderen Feinde mehr, um in Teufels Küche zu kommen. In den Tagen nach Romeros Ermordung »hatte eine Gruppe von Priestern, Ordensfrauen und Mitgliedern kirchlicher Basisgruppen in der Kathedrale zu fasten begonnen und ein großes Spruchband über den Eingang gehängt mit der Forderung, Aparicio, Revelo, Alvarez, Freddy Delgado, die Junta und der Botschafter der Vereinig-

---

[57] Vgl. BROCKMAN 1990, S. 237-240.
[58] BROCKMAN 1990, S. 240.

ten Staaten Nordamerikas sollten fernbleiben. [...] In jenen spannungsgeladenen Tagen scheiterten alle [...] Versuche, das Spruchband herunterzuholen. Es blieb hängen als Zeichen der Spaltung unter den salvadorianischen Bischöfen; einzig und allein Rivera nahm am Beerdigungsgottesdienst teil.«[59]

2.
INNERKIRCHLICHE VERFOLGUNG
DURCH »RECHTSKATHOLISCHE« HETZKAMPAGNEN

Der Überblick über die innerkirchlichen Verfolger Romeros wäre unvollständig, wenn wir hier die rechtskatholischen Kampagnen gegen den Märtyrer ganz außer Acht ließen. Die Inhalte glichen in manchem schon den Internet-Bombardements der Traditionalisten des Ratzinger- und Gräfin-Gloria-von-Thurn-und-Taxis-Zeitalters, nur die benutzten Medien waren damals noch nicht digital. Armando Olivia teilt über die entsprechenden Feldzüge gegen Oscar Romero – einschließlich Gebetskette und Exorzismus – mit:»Es heißt, die führenden Familien der Oligarchie seien es, die all das bedruckte Papier gegen Erzbischof Romero finanzieren. Bezahlte Anzeigen in den Tageszeitungen, ein Wochenblatt, Broschüren, Pamphlete ... Heute sind die Straßen von San Salvador überschwemmt von Flugblättern, die wieder einmal dazu auffordern, eine Gebetskette zu bilden. Diesmal ›für die Rettung der Seele von Monseñor Romero‹: ›Göttlicher Heiland der Welt, barmherziger Herr, wir bitten dich, vertreibe den Geist des Bösen, der im Herzen des Erzbischofs haust, damit er aufhört, Unkraut unter den Weizen zu säen, damit er nicht länger mit seinen aufrührerischen Predigten den destruktiven und kriminellen Geist jener nährt, die unser Vaterland zerstören und es in einen Abgrund von Blut und Gewalt stürzen wollen.‹ – Das Wochenblatt der Rechten informiert seinerseits seine Leser, man ersuche den Papst um die Vollmacht, einen Exorzismus an Mon-

---

59 BROCKMAN 1990, S. 325.

señor Romero zu vollziehen, ›um den bösen Geist aus Leib und Seele des Erzbischofs auszutreiben‹.«[60] Dieses Netz der Klerikalen und Traditionalisten – teilweise verankert in einem rückwärts schauenden Kirchentum der Oligarchie, teilweise kreiert über Tarnorganisationen (Salvadorianischer Katholischer Verein, Vereinigung Katholischer Frauen, Verband der Nachfolger Christi des Königs etc.), schreckte vor keiner geschmacklosen Dummheit und Fiktion zurück.[61] (Es war, wie sich erweisen würde, ein tödliches Netz.) Ein ganzseitiges Inserat des sogenannten ›Komitees zur Besserung der Katholischen Kirche‹ vom 24.5.1977 erzählte von zwei Jungen, die die Nachbarschaft terrorisierten, aber von ihrem Vater »Don Oscar« immer verteidigt wurden. (Botschaft: Der Erzbischof rechtfertigt Terroristen.) Anschließend wurde das »Oberhaupt der Katholischen Kirche von El Salvador« kritisiert, die Fehler »der schlechten Priester nicht wahrhaben zu wollen« und eine »Säuberung des Klerus« verlangt, »damit unsere Katholische Kirche unbefleckt und ehrenwert bleiben möge«. Drei Tage später folgte der angebliche ›Verein Katholischer Frauen‹: »Wohlbekannt sind die Namen gewisser Hirten [...], die schlecht über den Reichtum anderer sprechen«. – FARO (Frente de Agricultores de la Región Oriental) wetterte publizistisch – ohne jegliche theologische Kenntnis – über Häresie, weil Erzbischof Romero die byzantinischen Glaubensbekenntnisse mit dem darin *nicht* enthaltenen Zentrum der Botschaft Jesu ergänzt hatte: »Die Kirche glaubt, daß die Welt dazu berufen ist, durch das ständige Wachsen des Reiches Gottes Jesus Christus unterstellt zu werden. Die Kirche glaubt an die Gemeinschaft der Heiligen und an die Liebe, die alle Menschen eint ...«[62] – Der junge Priester Pineda Quinteros wurde schließlich noch im gleichen Jahr von der systemkonformen Presse als »salvadorianischer Lefebvre« gefeiert, »exkommunizierte« Romero öffentlichkeitswirksam unter Verbrennung

---

[60] Zit. LÓPEZ VIGIL 1999, S. 146.
[61] Vgl. BROCKMAN 1990, S. 50, 93-98, 138-139. – Die rechten Netzwerke ›wahrer Gläubiger‹ liebten »Fakes« vor vier Jahrzehnten schon genauso wie heute.
[62] Zit. BROCKMAN 1990, S. 97.

einer Fahne und ließ sich im Dezember 1977 von einem Boule-
vard-Blatt promoten:»Erzbischof Romero ist Befehlshaber einer
Terrorgruppe – mutige Beschuldigung durch einen Priester.«
Über die Steigerung der Kampagnen erzählt Marisa D'Aubuisson, Romero-Freundin und Schwester des prominentesten
Romero-Mörders:»Roberto D'Aubuisson, [...] der mein Bruder
war, stand im Zenit seines Kampfes gegen die Opposition, als
Monseñor Romero sein Amt als Erzbischof von San Salvador an-
trat. Roberto äußerte sich im Fernsehen herabsetzend über die
engagierten Priester. Er zeigte das Foto eines jeden von ihnen
und bedachte sie mit Schmähungen dieser Art: ›Den sollten Sie
kennen. Er ist ein Kommunist, der sich als Priester verkleidet!‹
So demoralisierte er die Leute und sorgte für Verwirrung: ›Diese
Pfarrer haben etwas aufgebracht, was sie Volkskirche nennen
und was nicht unsere Kirche ist, die Kirche des Vatikans, die der
Papst leitet und deren Gläubige wir alle sind.‹ Roberto war voll
und ganz verantwortlich für die Kampagne *Sei Patriot, schlag einen Pfaffen tot*. Er stand auf seiten der PAN, die er selbst gegrün-
det hatte und die bald darauf zur ARENA wurde. [...] Fast alle
Priester, die er im Fernsehen vorführte, hat man später umgebracht.«[63]

Dass ungezählte Christ*innen in zwei Jahrtausenden um des
Evangeliums willen von anderen Getauften und namentlich
auch von Mitgliedern des Klerus verfolgt worden sind, ist jedem
bekannt, der sich auch nur ein wenig mit geschichtlichen Sach-
verhalten befasst hat. Ins Konzept der fundamentalistischen
bzw. traditionalistischen Maßgaben einer betrüblichen Ära bald
nach dem letzten Konzil passte dieser Sachverhalt freilich nicht.
»Kurienkardinal José Saraiva Martins, der Präfekt der Kongregation für die Selig- und Heiligsprechungsprozesse, führte 2008
aus, dass für einen positiven Entscheid des Vatikan der Hass ge-

---

[63] Zit. LÓPEZ VIGIL 1999, S. 131. – Am Morgen nach Romeros Sonntagspredigt
vom 23. März 1980, die einen Aufruf an die Soldaten zur Befehlsverweigerung
enthielt, erschienen in der Presse hetzerische Schlagzeilen:»Monseñor Romero
fordert Soldaten der Armee zur Insubordination auf«;»Erzbischof begeht De-
likt«. Abends war der Erzbischof tot.

gen den Glauben, odium fidei, als treibendes Motiv hinter der Ermordung Romeros zu erkennen sein müsste. Monseñor Rafael Urrutias, der im Auftrag der salvadorianischen Bischofskonferenz die Seligsprechung vorantreibt, erläuterte dazu: Man muss sehen: Monseñor Romero wurde von Katholiken ermordet, von Menschen desselben [!?] Glaubens. Das ist ein Problem für Rom, denn Märtyrer werden normalerweise nicht von Katholiken erzeugt, sondern von anderer Seite.«[64] Doch wer ist die »andere Seite«, wenn etwa im deutschen Faschismus oder in den lateinamerikanischen Militärdiktaturen ein Teil der Kirchenglieder an der Seite der Henker stolziert und ein anderer Teil unter das Fallbeil der Henker gerät?

3.
KARDINÄLE, NUNTIEN
UND ANDERE KIRCHENFÜRSTEN

Im März 1980, so referiert John L. Allen, entschieden sich die drei Kurienkardinäle Silvio Angelo Pio Oddi (ab 1979 Kongregation für den Klerus), Franjo Seper (Kongregation für die Glaubenslehre) und Sebastiano Baggio (Kongregation für die Bischöfe) dafür, dem Papst eine Amtsenthebung des Erzbischofs von San Salvador zu empfehlen. Diese Entscheidung kam nicht mehr zur Ausführung, denn wenige Tage später wurde Oscar Romero am Altar erschossen.[65] Die gruselige Liste der Verfolger Romeros unter den Kardinälen, Nuntien und sonstigen Kirchenfürsten zeugt von einer Kirchenapparatur, die aus den historischen Abgründen der klerikalen Kollaboration mit autoritären Regimen offenbar nie und nimmer etwas lernen möchte.

---

[64] Zit. https://www.heiligenlexikon.de/BiographienO/Oscar_Romero.html (Abruf 10.03.2020).
[65] ALLEN 2002, S. 137-139 (dort auf Seite 336 angegebene Quelle, unter Berufung auf eine persönliche Mitteilung von Kardinal Oddi: *Jonathan Kwitny*, Man of the century, [Henry Holt and Company] 1997, S. 353).

Erzbischof Emanuele Gerada,
Apostolischer Nuntius in El Salvador und Guatemala

Eine Schlüsselfigur der innerkirchlichen Verfolgung Oscar
Romeros ist Erzbischof Emanuele *Gerada*, von 1973 bis 1980 Apostolischer Nuntius in El Salvador und Guatemala.[66] Mit ihm wie-
derholten sich – unter gleichbleibenden Strukturen – dunkle Kapitel der neueren Kirchengeschichte. (Man denke nur daran, dass
im ›Dritten Reich‹ ein Kardinal Orsenigo in Deutschland Nuntius war, den z.b. der Münsterschwarzacher Benediktinerabt als
›echten Faschisten‹ betrachtete; dieser Nuntius hatte als engsten
deutschsprachigen Mitarbeiter von Eugenio Pacelli den nach-
weislich nazifreundlichen Ordensmann Eduard Gehrmann SVD
übernommen.)

Nuntius Gerada hatte selbst nach Beratungen mit den *weltlichen* »Eliten« den konservativen Oscar Romero in Rom als Erzbischof von San Salvador vorgeschlagen. Doch er sah sich bald
schwer enttäuscht. Nach der Ermordung Rutilio Grandes und
Gefährten am 12. März 1977 lud Romero im Einvernehmen mit
seinem Klerus alle Getauften seines Bistum zu einer einzigen
»Märtyrermesse« ein, was eine Ermutigung der Getauften zur
Ehrung der Märtyrer und zugleich eine Aufklärung aller über
die blutige Kirchenverfolgung bedeutete (etwas Vergleichbares
hat es z.b. 1933-1945 in Deutschland bei vielen hundert Märtyrern nie gegeben). Der Nuntius wollte diese Messe diktatorisch
und mit absurden kirchenrechtlichen Argumentationsfiguren
unterbinden. Während Romero aus Protest wegen der Untätigkeit der Regierung der Amtseinführung des neuen Präsidenten
fern blieb, nahm Nuntius Emanuele Gerada zusammen mit zwei
staatskirchlich gesonnenen Bistumsleitern (darunter der Militärbischof) demonstrativ teil.

Nuntius Gerada, ein ausgesprochener Freund der Oligarchie,
verkörperte einen sehr traurigen – aber verbreiteten – Typus von
›Vatikandiplomatie‹ und staatskirchlicher Ideologie: Er liebte ein

66 Vgl. BROCKMAN 1990, S. 25, 31-36, 38-39, 80, 103-106, 141-143, 149-157, 160-163, 174-177, 194, 196, 220-221, 243, 271-275.

komfortables, möglichst geruhsames Leben – fern vom Elend der Leute und ohne Konflikte mit dem politischen System im Land – und sah seinen Auftrag nicht im Zuhören, sondern in einer Überwachung bzw. Reglementierung der Ortskirche (als langer Arm einer Weltzentrale). Der Priestersenat von San Salvador schrieb bereits am 18. Juli 1977 in einem Memorandum an den vatikanischen Staatssekretär: »Besorgt sind wir auch über die allzu parteiische Haltung des Apostolischen Nuntius [...], dessen Rat an den Erzbischof mit der Denkweise der Regierung und dem Kreis der wirtschaftlich Mächtigen übereinstimmt, die sich der Kirche widersetzen.«[67] Im März 1978 schrieben 200 oder gar 300 Priester und Ordensfrauen dem Nuntius, dessen Linie sie als »anti-evangelisch« und Kollaboration mit den Verfolgern der Kirche empfanden, einen Brief.[68] Sie beklagten dessen Unterstützung für eine »repressive und ungerechte Regierung«, seinen Gegensatz zur prophetischen Pastoral in der Kirche der Armen, sein Fernbleiben beim Märtyrergedenken und eine Unempfindlichkeit gegenüber dem Schrei der Armen.

Dieser Protest, in dessen Folge trotz größtem Seelsorgermangel zehn Priester von Bischof Aparicio exkommuniziert (!) wurden, war nicht mit dem ›von Haus aus‹ extrem papsttreuen Romero abgesprochen – doch die aufgeschreckten Inhaber von Kirchenmacht sahen in ihm den Verantwortlichen für die Demaskierung des Vatikanvertreters. Nach Rom gab Nuntius Gerada nur Sichtweisen und Vorschläge weiter, die die erklärten innerkirchlichen Feinden Romeros stützten. Gerada gehörte als Vatikandiplomat zum Netzwerk einer Kurie, die Kritik an ihren entsandten Sachwaltern durch eine Ortskirche nicht ertragen konnte. Die Zentrale würde schon zeigen, wer am längeren Hebel sitzt. In der ›Causa Romero‹ ging es den führenden Drahtziehern nicht zuletzt um Zentralmacht über eine selbstbewusste Ortskirche, nicht aber um das Evangelium.

Am 6. August 1979 schrieben 241 Priester und Ordensfrauen nach der Ermordung des Priesters Alirio Napoleon Macías er-

---

[67] Zit. BROCKMAN 1990, S. 105.
[68] BROCKMAN 1990, S. 149-156.

neut in einem Brief an den Papst:»Wir sind überzeugt, daß der
Tod mancher Unschuldiger vermieden worden wäre, wenn der
Apostolische Nuntius und alle Bischöfe mit Nachdruck und ein-
stimmig gegen diesen Mißbrauch der Macht protestiert hätten.«[69]

Kardinal Mario Casariego
Erzbischof von Guatemala

In einer Klage über den intriganten Nuntius Gerada schrieb
Romero im Juli 1977 nach Rom:»Für ihn haben die Berichte Kardinal Casariegos, der Politiker, der Diplomaten und der begüter-
ten Schicht in den eleganten Stadtteilen das größte Gewicht.«[70]
Der genannte Kardinal Mario *Casariego* (1909-1983) war Erzbischof von Guatemala und »vertrat ebenso reaktionäre wie ge-
fährliche Positionen im inneren Konflikt sowohl Guatemalas wie
auch El Salvadors«[71]. Er zählte zu den Gegnern der von Romero
geleiteten Kirche der Armen in San Salvador und rechtfertigte
die Vertreibung von Seelsorgern der Armen:»Verschiedene
Priester [in El Salvador] sind des Landes verwiesen worden, weil
sie von ihrer Sendung abgewichen sind und sich auf sektiereri-
sche Parteipolitik eingelassen hatten.«[72] Der Priester Rutilio Sánchez berichtet aus einer Zeit, in der Romero diesen Kirchenmann
noch vehement verteidigt hatte:»Als jener unselige Herr namens
Mario Casariego zum Kardinal von Guatemala ernannt wurde,
hatten wir schon einen heftigen Zusammenstoß mit Monseñor
Romero gehabt. Wir verfaßten einen ablehnenden Text gegen
Casariego, listeten darin sämtliche Korruptionsfälle auf, über die
wir genau Bescheid wußten, und publizierten das Ganze in den
Zeitungen. Monseñor Romero begann den Streit [...]. Es war ein
Krieg mit Briefen, in denen er Casariego in Bausch und Bogen

---

[69] Zit. BROCKMAN 1990, S. 243.
[70] Zit. BROCKMAN 1990, S. 105.
[71] MAIER 2005.
[72] Zit. BROCKMAN 1990, S. 105.

verteidigte und so tat, als hieße für diesen Schurken einzutreten soviel wie die Kirche zu retten.«[73]

Kurz nach der Wahl von Albino Luciano (Papst Johannes Paul I, Amtszeit nur 33 Tage) im August 1978 »erhielt Romero die vertrauliche Mitteilung eines Regierungsbeamten, der Nuntius [Gerada] und Kardinal Casariego, die zur päpstlichen Einsetzung nach Rom reisen würden, seien mit dem Präsidenten und der Regierung [sic!] übereingekommen, seine *Absetzung* zu erwirken. Sein Gewährsmann warnte ihn davor, irgendwelche Dokumente für den Papst diesen beiden zu übergeben«[74].

Kardinal Antonio Quarracino, Argentinien

Bezeichnend ist, was für einen wendigen Kirchenfürsten der Vatikan am 14. Dezember 1978 zur hierarchischen Überprüfung Romeros schickte. José Simán und Rogelio Pedraz berichten: »Er kam an wie ein richtiger Inquisitor mit allen Folterwerkzeugen. Ende 1978 schickte ihn der Heilige Stuhl als ›Apostolischen Visitator‹ nach San Salvador, um das Verhalten Monseñor Romeros zu erforschen. Es war Antonio Quarracino [1923-1998], ein argentinischer Bischof, der später Kardinal wurde. [...] Ich war ungefähr zwei Stunden bei ihm zum Gespräch in der Nuntiatur. Alle Vorurteile, die man sich nur denken kann – und ein paar zusätzliche dazu – hatten sich im Kopf dieses Visitators angesammelt. Zudem hegte er eine starke Abneigung gegen die Leute aus den Volksorganisationen. [...] ›Sie sind gewalttätig und Marxisten!‹ insistierte er. [...] Und das Schlimmste ist, daß sie schon in der Kirche eingesickert sind, weil Monseñor Romero es zuläßt!‹«[75] Gleichwohl war Antonio Quarracino bemüht gewe-

---

[73] López Vigil 1999, S. 31. Vermutlich aus dieser Zeit rührt auch der anfängliche Eindruck im Vatikan, Casariego gehöre zu den ›Befürwortern‹ Romeros, vgl. Brockman 1990, S. 172.

[74] Brockman 1990, S. 194.

[75] Zit. López Vigil 1999, S. 186.

sen, nach außen hin größte Herzlichkeit zu zeigen; seine Bombe platzte erst später: der Argentinier hatte dem Papst aus Polen vorgeschlagen, Romero einen »Apostolischen Administrator sede plena« als eigentliche Bistumsleitung von San Salvador vor die Nase zu setzen.[76] (Das wäre durchaus nicht schöner gewesen als eine direkte Amtsenthebung.)

Weltweit bekannt und berüchtigt wurde Kardinal Quarracino übrigens durch seinen aufhetzenden Vorschlag, alle Homosexuellen zu isolieren und auf eine einsame Insel zu verbannen.[77] Aus psychologischer Sicht kann man mit großer Wahrscheinlichkeit annehmen, dass dies *nicht* der Vorschlag eines Klerikers mit gesicherter heterosexueller Identität war. (Der geradezu hysterische Feldzug gegen Homosexualität ab den 1980er Jahren, erfunden und angeführt von Kardinal Joseph Ratzinger, wurde in erster Linie getragen von hochrangigen homosexuellen Klerikern, die sich durch schwulen Selbsthass und vielfach gleichzeitig durch ein abgründiges Doppelleben – nebst homophiler Sakralästhetik – auszeichneten.)

Kurienkardinal Sebastiano Baggi
Präfekt der Bischofskongregation

Kurienkardinal Sebastiano *Baggio* (1913-1993), von 1973 bis 1984 Präfekt der Bischofskongregation, gehörte zu dem Trio der Mächtigen, die im März 1980 dem Papst eine Amtsenthebung des bald darauf ermordeten Oscar Romero vorschlagen wollten (s.o.).

Bald nach seinem Amtsantritt als Erzbischof der Hauptstadt und der Ermordung des Armenpriesters Rutilio Grande SJ hatte Romero im März 1977 eine erste halbstündige Unterredung mit Kardinal Baggio, dem er auch schriftlich die Situation einer verfolgten Kirche darlegte.[78] Im Jahr darauf würde anlässlich eines

---

[76] BROCKMAN 1990, S. 220-228.
[77] MARTEL 2019, S. 119.
[78] BROCKMAN 1990, S. 37.

erneuten Gesprächs in Rom am 20. Juni 1978 klar sein, dass er in diesem mächtigen Hierarchen keinen Freund sehen durfte.[79] Kardinal Baggio machte aus seiner Einladung zum »brüderlichen und freundschaftlichen Gespräch« ein strenges Verhör. Er zeigte sich de facto beeindruckt nur von den »Eingaben« der Bischofsmehrheit (Aparicio, Revelo, auch Freddy Delgado). Vor allem die Kunde, Romero habe bezogen auf seine eigene Wandlung von einer »Bekehrung« gesprochen, fand er unerhört. Die jüngsten Märtyrer des Bistums San Salvador, so Baggio, müssten in ihren »Begrenzungen« und »Unzulänglichkeiten« gesehen werden; die Kritik am Nuntius sei ein Skandal; die Förderung einer bestimmten (politisierten) Berufung im Priesterseminar erfülle ihn »mit Schrecken«; einige Bischöfe würden eine Absetzung Romeros erbeten; die Bischofspredigten seien zwar offenbar dogmatisch korrekt, könnten aber politisch aufgefasst werden ... Mündlich und schriftlich erwiderte Romero, manch einer der Klagenden sei nicht bereit, »die Behaglichkeit aufzugeben, die er aus der Freundschaft mit jener Macht bezieht, die die Kirche nicht respektiert«, und die bei der Kongregation eingehenden einseitigen Berichte würden »genau mit den tendenziösen Kommentaren der Mächtigen meines Landes übereinstimmen«.[80] – Herzlich aufgenommen, gestärkt und ermutigt fühlte sich Romero wie schon im März 1977 auch bei dieser zweiten Romreise nach seinem Amtsantritt als Erzbischof von Papst Paul VI.[81]

Neues Licht auf den Opus Dei-freundlichen Kurienkardinal Baggio, der 1964 als Nuntius einiges ›Verständnis‹ für die Militärdiktatur in Brasilien aufgebracht und ab 1977 Romero ein ohnehin schon schweres Geschick noch schwerer gemacht hat, fällt durch das juristisch abgesicherte Werk »Sodom – Macht, Homose-

[79] BROCKMAN 1990, S. 170-177.
[80] BROCKMAN 1990, S. 173. 176-177. Allen Ernstes musste Romero seine Hochschätzung für die Märtyrer der Kirche der Armen gegenüber Baggio rechtfertigen:»Ich glaube nicht, daß die Bedeutung unserer Überlegungen zu ihrem Tod über eine einfache Feststellung dessen hinausgegangen ist, daß *auch sie* die Seligpreisungen der Märtyrer verdienen, den ›sie haben Verfolgung erlitten um der Gerechtigkeit willen‹, und daß die Kirche *auch heute* verfolgt ist.« (ebd., S. 174)
[81] BROCKMAN 1990 (s. Namenregister: Paul VI).

xualität und Doppelmoral im Vatikan«.[82] In Reaktion auf den latein-amerikanischen Aufbruch hin zur Kirche der Armen in der Bischofsversammlung von Medellin (1968) gehörte er zu den frühen einflussreichen Förderern des reaktionären López Trujillo, der inzwischen seinen Platz als ultimativ amoralischer Lügenkardinal in der Kirchengeschichte erhalten hat. Selbsthassende Schwule in den Netzwerken hochrangiger rechtsgerichteter Kleriker sind nicht nur Opfer, sondern als Akteure u.a. der innerkirchlichen Christen- und Homosexuellenverfolgung auch *Täter*. Hier wird der für seine »speziellen Latino-Freundschaften« bekannte Kardinal Baggio von Frédéric Martel eingeordnet.

Erzbischof Jean Jadot und
Kardinal Gabriel-Marie Garrone

Nach der Ermordung von Pater Rutilio Grande und angesichts der Todesdrohungen gegen weitere Jesuiten in El Salvador fasste in den USA die von Jesuiten geführte Georgetown-Universität (Washington) den Entschluss, Oscar Romero ein Ehrendoktorat zu verleihen. (Dies war neben der Anerkennung seines christlichen Zeugnisses auch ein Beitrag, die von Mord bedrohten Vertreter der salvadorianischen Kirche durch noch mehr weltweite Aufmerksamkeit zu schützen.) Schändlich sind die Versuche aus dem Vatikan, diese Ehrung zu verhindern.[83] Der Apostolische Delegierte in Washington, Erzbischof Jean *Jadot*, wollte den Präsidenten der Georgetown-Universität durch ein Telefonat zu einer Rückhaltung des Ehrendoktorats überreden. Kurienkardinal Gabriel-Marie *Garrone* (1901-1994) stand 1968-1980 als Kardinalpräfekt der Kongregation für das Katholische Bildungswesen vor. Er versuchte gleichzeitig mit einem Schreiben den Generaloberen der Jesuiten dazu zu bewegen, die Ehrung Romeros zu verhindern. Doch trotz dieser Aktivitäten der politisierenden Kurien-Netzwerke kam es am 14.2.1978 zur Verleihung des Eh-

---

[82] MARTEL 2019, S. 241, 352, 367-368.
[83] BROCKMAN 1990, S. 144-147.

rendoktors in der Kathedrale von San Salvador. Romero nahm die Ehrung an, »als nachdrückliche Unterstützung der Menschenrechte, als weltweiten Applaus für den neuen Humanismus« der Kirche des II. Vatikanums, als Ehrung aller Christen am Ort und ebenso auch *aller* anderen Menschen guten Willens in El Salvador.

Die von Kardinal Garrone geführte Bildungskongregation war allerdings Bischof Romero deutlich wohlwollender gesonnen als es Nuntius Gerada mit der gekürzten, ja verzerrenden Übersetzung eines vatikanischen Schreibens zur Seminarausbildung in San Salvador suggerieren wollte. Dies wurde Romero jedoch erst vor Ort – bei einer Romreise im Juni 1978 – im Gespräch mit Garrone und zwei Mitarbeitern deutlich.[84]

Kardinal-Staatssekretär Jean Villot

Der Kardinal-Staatssekretär Jean *Villot* (1905-1979) ließ sich in seiner Betrachtung Romeros offenbar stark von Nuntius Gerada und dem Mehrheitsflügel der salvadorianischen Bischofskonferenz beeinflussen; er hatte auch seinerseits von Rom aus den Nuntius ›angewiesen‹ zur Strategie, die Romero kritisierenden Bischöfe sollten diesen dazu bewegen (›einladen‹), »seinen eigenen Stand in bezug auf die Regierung zu mildern«[85]. Ein Freund und Mutmacher war er nicht. Die Hinweise auf ihn in der Romero-Literatur sind allerdings zu spärlich für eine solide Einschätzung seiner Rolle.

[84] BROCKMAN 1990, S. 160-163, bes. S. 163.
[85] BROCKMAN 1990, S. 103. Vgl. ebd., S. 142-143: Romero schickte am 12.12.1977 einen Brief über seiner Pastoral an die Kardinäle Baggio und Villot; Villot antwortete am 18.2.1977 in einer ›diplomatisch-sachlichen‹ Weise, die kaum als Ermutigung wirken konnte: »Ich habe Ihren Bericht mit viel Interesse gelesen. Darin kommen besonders Ihre Anteilnahme und Ihre Bestrebungen zum Ausdruck in bezug auf die sicher schwierige und verwickelte Lage in Ihrem Lande.« Der Vatikan verfolge dank der eintreffenden Berichte »immer mit besonderer Sorge die Entwicklung« im Land und versuche, »die gelieferten Informationen sachlich und im Licht der Beurteilungen und Informationen aller in der Bischofskonferenz vereinigten Bischöfe und des Apostolischen Nuntius zu werten.«

61

Erzbischof Lajos Kada,
Nuntius in Costa Rica

Erzbischof Lajos *Kada*, päpstlicher Nuntius in Costa Rica, kam am 12. März 1980 – also kurz vor Romeros Ermordung – zur salvadorianische Bischofskonferenz.[86] Obwohl er Zeuge der feindseligen Ausfälle der ›Mitbrüder‹ wurde, blieb er bei seinem Diktum,»daß Romero zum großen Teil selbst für die Spaltung unter den Bischöfen verantwortlich sei und daß er wo immer möglich nachgeben solle.« Rom hatte Nuntius Kada offenbar ebenso aufgetragen, auf eine Entfernung der bischöflichen Büros aus dem Gebäude des Priesterseminars zu drängen. Hier ging es um einen Streitgegenstand, den die anderen Hirten wie einen Fetisch in ihren Nervenkrieg gegen den beliebten Erzbischof eingebaut hatten.

Kardinal Alfonso López Trujillo
CELAM-Generalsekretär, später Kurienkardinal

Schließlich muss hier noch eine der abgründigsten – und von manchen geradezu als ›teuflisch‹ betrachteten – Gestalten der neueren Kirchengeschichte vorgestellt werden, der vom Dominikaner Frei Betto als rechtsextrem eingestufte Kolumbianer Alfonso López Trujillo[87] (1935-2008). Dessen Weg zum Priestertum ist rückblickend wohl auch zu erklären durch eine Ahnung, selbst nicht zur heterosexuellen Ehe begabt zu sein (Zölibat als »Geschenk des Himmels«). Sehr bald nach seiner Bischofsweihe 1971 steigt er auf in der Verwaltung der CELAM (1972 General-

---

[86] BROCKMAN 1990, S. 281-282.
[87] Vgl. zu ihm die unersetzliche Darstellung in: MARTEL 2019, S. 349-377. – Martel referiert Stimmen, die Trujillos Tod aufgrund von Lungenentzündung im Jahr 2008 auf eine HIV-bedingte Immunschwäche zurückführen. Gegen Martels diesbezüglichen Einwand ist zu sagen, dass ein hochrangiger Kleriker mit schizophrener Lebensführung sehr wohl fähige Ärzte aufgrund eigener Verleugnung davon abbringen kann, die zuhandenen retroviralen Therapien nicht zum Zuge kommen zu lassen. Dazu genügt bereits die Verweigerung eines HIV-Tests.

sekretär dieser Bischofskonferenz Lateinamerikas). Zu seinen einflussreichen Förderern zählte der – uns schon bekannte – spätere Kardinal Sebastiano Baggi.

Zu jenen, die ganz im Sinne Trujillos die Medellin-Linie bekämpften und Vertreter einer neuen Kirche der Armen denunzierten, gehörte 1972 und auch noch 1975 der erst Jahre später gewandelte Oscar Romero.[88] In Deutschland zeigte sich ab dieser Zeit der später (1988) auch mit dem Kardinalshut belohnte Bischof Franz Hengsbach von Essen (1910-1991) als einer von López Trujillos antisozialistischen Verbündeten im Kampf gegen die Befreiungstheologie.[89]

Alfonso López Trujillo wird von Karol Woijtila als antikommunistischer »Marxismus-Experte« sehr geschätzt und erlebt seinen größten Karrieresprung, als 1979 die lateinamerikanische Bischofsversammlung in Puebla ansteht. José Ernesto Bravo bezeugt, wie verächtlich López Trujillo und sein Assistenzpriester sich jetzt in Puebla zeigen konnten, wenn der Name des Erzbischofs von San Salvador genannt wurde.[90] Oscar Romero, dessen »Teilnahmerechte« ohnehin auf ein Minimum gestutzt waren, sollte am besten gar nicht in Erscheinung treten.

1985 deklarierte ein Prälatenkreis um López Trujillo bei einem Treffen in Chile die Befreiungstheologie als marxistische Verkehrung des Glaubens.[91] Pinochets Staatsfernsehen berichtete ausführlich darüber, und das Militär rechtfertigte unter Berufung auf die besagten ›Konferenzergebnisse‹ die Verhaftung des kritischen Paters Renato Hevia. – Alfonso López Trujillo gehörte zu jenen kirchlichen Machthabern, die auf besonders grobe Wei-

[88] BROCKMAN 1990, S. 37, 84-89; zu Trujillo ebenfalls ebd., S. 181.
[89] Gemeinsame Publikationen: HENGSBACH/TRUJILLO 1975; HENGSBACH/TRUJILLO 1978. Der ›Mythos Hengsbach‹ ist inzwischen weithin entzaubert. Mit Blick auf die Verbindung mit einem abgründigen Amtsbruder aus Kolumbien müsste man jetzt freilich auch die Fragen näher beleuchten, die sich u.a. aus der Übernahme pädosexuell-krimineller Priester des Erzbistums Paderborn in das von Hengsbach geleitete neue Bistum Essen und andere Fälle sexualisierter Klerikergewalt ergeben.
[90] LÓPEZ VIGIL 1999, S. 192-193.
[91] ALLEN 2002, S. 149.

se Romero noch *nach* seiner Ermordung verfolgten und hat – vermutlich als *die* Schlüsselfigur der Blockaden – über viele Jahre im Vatikan eine Seligsprechung Romeros verhindert.[92]

Trujillo war nicht nur ein extremer Feind der Befreiungstheologie und aller Linken, sondern später auch a) eine laute Stimme des Ratzinger-Feldzugs gegen Homosexuelle und Anerkennung neuer Partnerschaftsformen, b) Held des absurden, trotz Aids wahnhaft verfochtenen Dogmas gegen Kondome und c) führender Ideologe der biologistisch ambitionierten vatikanischen Familienideologie (ab 1990 Präsident des Päpstlichen Rates für die Familie). Die ehrende Predigt zu seinem Begräbnis hielt 2008 der Papst (Joseph Ratzinger) persönlich.

Seit diesem Jahr hat die Weltöffentlichkeit auf der Grundlage u.a. von Interviews für Frédéric Martels Forschungen eine neues Bild von diesem rechten Saubermann-Kardinal, der den Luxus wie zu ›Renaissance-Zeiten‹ liebte und ebenso Küsse auf seinen Bischofsring: Bereits als Hirte des Bistums Medellin, so tragen Zeitzeugen vor, ließ er sich in einer Geheimwohnung junge, von ihm abhängige Theologiestudenten für (kaum freiwilligen) Sex zuführen – und ansonsten auch männliche Prostituierte (aus den Familien der Armen), die er dann nach dem Akt und vor der spärlichen Bezahlung *gewalttätig* züchtigte.

Die Sexualneurose des fundamentalistischen Flügels in der Kirche ist für unser Thema durchaus von Belang! Eine implizite These, die sich m.E. aus der Darstellung Frederic Martels ergibt, lautet: Sich selbst hassende, zugleich heuchlerische und nach außen homophob agierende Kleriker tendieren zu rechts-autoritären Weltbildern und zur Bekämpfung der Kirche der Armen (dies freilich ist schon lange bekannt); Sympathien für einen von der Befreiungstheologie inspirierten Aufbruch darf man dagegen eher vermuten bei heterosexuellen Theologen und homosexuellen Klerikern mit einem Ansatz zu angstfreier Selbstannahme.[93]

---

[92] https://religionsphilosophischer-salon.de/lopez-trujillo-gegen-romero
[93] Vgl. dazu auch: MARTEL 2019, S. 581: »Das Paradox in diesem Kampf mit umgekehrten Fronten liegt darin, dass die bedeutenden Vertreter der Befreiungstheologie – gerade Gutiérrez, Boff, Sobrino und Betto – ganz offensichtlich nicht

Zu jenen, die Oscar Romero wohlwollend, mit Sympathie oder ausgesprochen unterstützend begegneten gehörten neben den Leitern vieler Bistümer in Lateinamerika z.b.: sein Freund Kardinal Eduardo Francisco *Pironio*[94] (1920-1998) aus Argentinien (damals Präfekt der Kongregation für die Orden); der von vielen Christen als heiligmäßig betrachtete Ordensgeneral der Jesuiten Pedro *Arrupe*[95] (1907-1991); Kardinal Basil *Hume*[96] (1923-1999); sowie der brasilianische Kardinal Aloísio *Lorscheider*[97] (1924-2007), der ihm Ende 1979 mit großer Brüderlichkeit Mut zusprach. Auch Kurienkardinal Agostino *Casaroli*[98] (1914-1998), der sich 1984 betrübt zeigen wird über den scharfen vatikanischen Feldzug gegen die Befreiungstheologie, darf wohl eher zu den wohlwollenden Kurienvertretern gezählt werden.

Zu jenen, die Romeros Andenken auch noch post mortem dem Vergessen anheimgeben wollten, zählte später der 1995 vom Vatikan ernannte Opus Dei-Erzbischof von San Salvador, Fernando Sáenz *Lacalle* (1993-1997: zugleich Apostolischer Administrator des *Militärordinariats* von El Salvador). Die Kirche der Armen, die den Märtyrer verehrte, ging während seiner Amtszeit förmlich in die »Katakomben«, ins Kellergeschoss der Großkirche.

---

schwul waren, während die meisten der Kardinäle, die sie angriffen und ihnen ein ›Abweichen‹ von der Norm vorwarfen, in Lateinamerika wie im Vatikan, homophil oder aktiv homosexuell waren! Man denke nur an Alfonso López Trujillo oder Sebastiano Baggio, um nur zwei zu nennen … verkehrte Welt also.« – Vgl. zur neueren Kirchendebatte über Homosexualität auch: BÜRGER 2018*.

[94] BROCKMAN 1990, S. 43, 171, 179, 228, 298 (Pironio hat sich 1982 weitsichtig gegen eine Erhebung des Opus Dei zur Personalprälatur ausgesprochen).

[95] BROCKMAN 1990, S. 36, 217. Zur Grundsatzentscheidung des Ordens für den Weg der Gerechtigkeit im Jahr 1974 bemerkte Pedro Arrupe als Oberer der Jesuiten: »Wenn man diesem Erlaß gemäß lebt, wird es Märtyrer geben« (ALLEN 2002, S. 134-135).

[96] BROCKMAN 1990, S. 103 (bezeichnenderweise ein hochrangiger Kirchenmann, der im Gegensatz zu den homophoben rechtsklerikalen Netzwerken ganz angstfrei Schönes über gleichgeschlechtlich Liebende zu schreiben vermochte).

[97] BROCKMAN 1990, S. 127, 288-289, 298.

[98] BROCKMAN 1990, S. 125, 179-179, bes. S. 298; zu Nachrichten über die ›Homophilie‹ auch dieses Kardinals: MARTEL 2019, S. 261-265.

4.
JOHANNES PAUL II.
UND JOSEPH RATZINGER

Im Vatikan residierte seit dem 16. Oktober 1978 Karol Wojtyła (Johannes Paul II.), der aufgrund der schmerzlichen Erfahrungen in Polen von Marxisten bzw. Linken pauschal nichts Gutes erhoffte.[99] In Sachen »Romero« schrieb der in Polen geborene US-Sicherheitsberater Zbigniew Kazimierz Brzezinski an den ›Heiligen Stuhl‹: »Wir haben den Erzbischof und seine Berater mit Nachdruck vor einer Unterstützung der extremen Linken gewarnt. Leider waren unsere Bemühungen, ihn zu überzeugen, nicht erfolgreich.« Die US-Zentrale war stets gut informiert. Unter Johannes Paul II geriet z.b., wie Rogelio Pedraz bezeugt, die Kopie eines Vatikanschreibens Romeros mit scharfer Kritik am Nuntius an die US-Botschaft in San Salvador; sie konnte – wegen der enthaltenen Unterschrift – nur von Rom aus dorthin gelangt sein.[100]

Im Januar 1979 hatte Romero den Präsidenten von El Salvador wegen dessen Untätigkeit angesichts der fortwährenden Ermordung von Christen »exkommuniziert« (so J. L. Allen).[101] Im

---

[99] Vgl. zum Nachfolgenden: ALLEN 2002, S. 134-166; BÜRGER 2007*. – In seinem sechsseitigen Brief vom 7. November 1978 an den neugewählten Johannes Paul II. schrieb Romero: »Seit Beginn meines Amtes in der Erzdiözese habe ich aufrichtig geglaubt, Gott fordere von mir die Stärke eines Hirten und verleihe sie mir auch – eine Stärke, die zu meinen ›konservativen‹ Neigungen und meinem Temperament im Gegensatz stand. Ich glaubte, es sei meine Aufgabe, eine tatkräftige Haltung in der Verteidigung meiner Kirche und als Repräsentant dieser Kirche an der Seite meines unterdrückten und mißbrauchten Volkes einzunehmen. In all meinen Handlungen habe ich zum Heiligen Geist um viel Licht gebetet, damit ich nicht vom Evangelium, den Weisungen des Zweiten Vatikanischen Konzils und der Dokumente von Medellín abweiche. Im besonderen ist mir [...] Evangelii Nuntiandi [von Paul VI.] eine gottgewirkte Richtschnur gewesen.« (Zit. BROCKMAN 1990, S. 195-196.)
[100] LÓPEZ VIGIL 1999, S. 184-186.
[101] Schon nach der Ermordung Rutilio Grandes am 12. März 1977 schrieb Romero an Präsident Molina, die Kirche »habe die Exkommunikation der Urheber des Verbrechens veröffentlicht, ›und ist nicht willens, an irgendwelcher öffentlicher Veranstaltung der Regierung teilzunehmen, solange die Regierung nicht alles

Frühjahr des Jahres fuhr er nach Rom, um erstmalig auch den neuen Papst wegen der anhaltenden Kirchenverfolgung um Unterstützung zu bitten. Im Gepäck hatte er eine sorgfältig zusammengestellte Dokumentation und ein Foto des kurz zuvor ermordeten indigenen Priesters Octavio Ortiz. Laut Augenzeugenbericht von Monsignore Jesus Delgado kam es auf dem Petersplatz zu folgendem Dialog[102]:

Der Papst:»Ah, Monsignore Romero. Hüten Sie sich vor dem Kommunismus!« Romero:»Eure Heiligkeit, die Kommunisten in Salvador sind nicht dasselbe wie in Polen.« Der Papst noch einmal:»Hüten Sie sich vor dem Kommunismus!« Die Romero-Biografin María López Vigil schreibt, Johannes Paul II. habe bei einem Treffen am Folgetag nur über die Fülle der vorgelegten Dokumente geklagt und keines der Papiere auch nur angerührt. Er sei vom Foto des ermordeten Priesters unberührt geblieben und habe – ohne Fragen zu stellen –»Harmonie« mit der salvadorianischen Regierung eingefordert. Verbürgt ist die große Enttäuschung Romeros:»Ich glaube, ich werde nicht noch einmal nach Rom kommen. Der Papst versteht mich nicht.« An der Kathedrale von San Salvador hatte es gerade wieder ein Massaker gegeben.

Beim ersten Besuch hatte Johannes Paul II. Romero gegenüber den Auftrag»Stärke deine Brüder!« nicht nur verfehlt, sondern den Bischof von San Salvador am 7. Mai 1979 geradezu deprimiert.[103] Eine *zweite* Audienz Romeros beim Papst am 30. Januar 1980 verlief weitaus erfreulicher.[104] Dies änderte aber nichts da-

---

unternimmt, Gerechtigkeit walten zu lassen in bezug auf dieses beispiellose Sakrileg, welches die ganze Kirche entsetzt hat und das ganze Land zu einer neuen Welle zu erneuter Ablehnung der Gewalttätigkeit aufwühlt‹.« (BROCKMAN 1990, S. 26)

[102] Vgl. LÓPEZ VIGIL 1999, S. 238-241.

[103] BROCKMAN 1990, S. 222-224; pessimistischer: LÓPEZ VIGIL 1999, S. 238-241.

[104] BROCKMAN 1990, S. 297-298. Zu diesem Besuch in Rom am 30.1.1980 hielt Romero gleichwohl erneut fest:»Ich habe dem Papst auch gesagt: es gibt einen Antikommunismus, der nicht auf die Verteidigung der Religion, sondern des Kapitals aus ist: der Antikommunismus von rechts« (Zit. HAGEDORN 2006, S. 58).

ran, dass mächtige Kardinäle weiterhin ihre Schlinge um den Hals des Erzbischofs enger zogen und der Apostolische Stuhl öffentlich – sowie im *Kircheninneren* – keineswegs wie eine ›Schutzmacht‹ für den Hirten der Armen agierte, dessen Bistum Zielscheibe einer der schlimmsten Kirchenverfolgungen der neueren Geschichte war.

Nach Romeros Ermordung nahm 1982 die Reagan-Administration in den USA zur Befreiungstheologie im sogenannten »Santa-Fe-Dokument« Stellung. Als Gegenmaßnahme zur katholischen Kapitalismuskritik wurde darin die Unterstützung US-freundlicher protestantischer Gruppierungen in Lateinamerika vorgeschlagen. 1983 folgte eine Anhörung zur Befreiungstheologie im US-Senatsunterausschuss für »Sicherheit und Terrorismus«. 1987 nannte die »Conference of American Armies«, auf der auch die USA und El Salvador vertreten waren, in ihrem Bericht die Namen von »kommunistischen« Theologen. Auf der Liste stand auch bereits Pater Ignacio Ellacuría, einer der am 16. November 1989 in San Salvador ermordeten sechs Jesuiten. Zur Rechtfertigung für ihre Christenverfolgung beriefen sich Faschisten in Lateinamerika gerne auf die Amtskirche. Als Joseph Ratzinger 1984 – zum Missfallen des Vatikanstaatssekretärs Agostino Casaroli – sein scharfes Dokument zur Befreiungstheologie veröffentlicht hatte, meinte der Dominikanertheologe Edward Schillebeeckx: »Die Diktatoren Lateinamerikas werden [die Anweisung] mit Freuden aufnehmen, denn sie wird ihren Zwecken dienen.« – Einen entsprechenden Fall kennen wir schon: 1985 deklarierte ein Prälatenkreis um López Trujillo bei einem Treffen in Chile die Befreiungstheologie als »marxistische Verkehrung« des Glaubens. Pinochets Staatsfernsehen berichtete ausführlich darüber, und das Militär rechtfertigte dann unter Berufung auf die besagte ›Diagnose‹ die Verhaftung des progressiven Paters Renato Hevia.

Der römische Kampf gegen die Befreiungstheologie ist ein dunkles Kapitel aus kirchenpolitischen Strategien, Verleumdungen und diktatorischen Personal-»Säuberungen«, in dem sogar ein weltweit geachteter Bischof wie Dom Hélder Câmara zur

Zielscheibe wurde. (Es gab bei den rechtsklerikalen Theologen-
größen, die im besten Fall nur selektive ›ästhetische Kompetenzen‹ vorzuweisen hatten, überhaupt keine Achtung vor dem Geschenk solch großer Christen und dem Andenken der Märtyrer.)
Mangelnder Sinn für Demokratie war nie der Kritikpunkt des
Vatikan (mit Redeverboten zeigte Rom den Theologen der Armen ja, was es von Freiheitlichkeit hielt). Johannes Paul II. war in
der Sache widersprüchlich. Bei seinem ersten – außerplanmäßi-
gen – Niederknien am Grab Romeros hat er vielleicht Bedauern
empfunden über sein schroffes Verhalten beim Bittbesuch-Debüt
des Erzbischofs Anfang 1979. Später ließ er auch wiederholt seine Achtung vor dem Martyrium Romeros erkennen und griff sogar zentrale Anliegen der Befreiungstheologie auf. Es bleibt jedoch dabei: Karol Wojtyla hat über Maßregelungen und eine autoritäre Personalpolitik der lateinamerikanischen Kirche der Armen unvorstellbare Schläge versetzt. Da hörte es sich nicht ganz
wahrhaftig an, wenn er 1996 in El Salvador unschuldig vortrug:
»Die Befreiungstheologie war eine einigermaßen marxistische
Ideologie ... Heutzutage ist die Befreiungstheologie in der Folge
des Sturzes des Kommunismus auch ein wenig gestürzt.«[105]

Joseph Ratzinger, zeitlebens ein vom Schreibtisch geschützter,
stark ästhetisch ausgerichteter Büchertheologe, war als Gegner
der Befreiungstheologie spätestens seit 1978 aktiv – hier freilich
noch *nicht* involviert in die Causa Romero. John L. Allen schrieb
Anfang dieses Jahrhunderts: »Fast die Hälfte der weltweit eine
Milliarde Katholiken sind Lateinamerikaner. […] Wo die katholische Kirche eine solch dominante Kraft darstellt, ist man berech-
tigt, eine Sozialordnung zu erwarten, die die Wertvorstellungen
des Evangeliums besser wiedergibt. […] Dass der lateinamerikanische Katholizismus in den Neunzigerjahren keine solche Wirkung ausübte, ist in großem Maß von Joseph Ratzinger zu ver-
antworten.«[106]

---

[105] Zit. ALLEN 2002, S. 160.
[106] ALLEN 2002, S. 165.

Noch nach dem Zusammenbruch des autoritären Staatssozialismus sorgte Rom dafür, dass 1992 die Generalversammlung der lateinamerikanischen Bischöfe (CELAM) in einem vorgelegten Abschlussdokument jeglichen Bezug der Gottesreichverkündigung Jesu zur irdischen Sozialordnung verneinte. Zu den Leitern der Konferenz gehörte der chilenische Kardinal Jorge Medina Estévez, »der lange Zeit mit Chiles General Augusto Pinochet auf gutem Fuß gestanden hatte« (J. L. Allen). Protegiert wurden bis in die jüngste Vergangenheit hinein die Busenfreunde der Oligarchen unter den Bischöfen, zurechtgewiesen die von Militärregimen der Reichen verfolgten Christen.

Erneut traf es im Frühjahr 2007 – kaum zufällig – wieder einmal einen der bekanntesten Befreiungstheologen, den schon mehrfach von Kardinal Joseph Ratzinger gemaßregelten Jesuiten Jon Sobrino.[107] Dieser war zur Zeit der salvadorianischen Kirchenverfolgung ein enger Berater von Erzbischof Romero gewesen. Als am 16. November 1989 ein Todeskommando der Militärs die Jesuiten-Kommunität in San Salvador überfiel, überlebte er als einziges Mitglied der Hausgemeinschaft, weil er verreist war. Den Maulkorb für Sobrino überbrachte am 11. März 2007 in Ratzingers Auftrag der Opus Dei-Ortsbischof Fernando Sáenz Lacalle (San Salvador).

Josef Ratzinger betrieb im Jahrzehnt nach Romeros Ermordung faktisch die Sache der innerkirchlichen Gegner Romeros,

---

[107] Joseph Ratzinger hat vor drei Jahrzehnten – mit selbstherrlicher Ignoranz – gleichermaßen den theologisch völlig überforderten Paderborner Erzbischof Johannes Joachim Degenhardt (2001 auch mit dem Kardinalshut belohnt) mit der Maßregelung Eugen Drewermanns beauftragt. Zu wenig bedacht wird, dass es einen inneren Zusammenhang gibt zwischen seinem Feldzug gegen eine tiefenpsychologisch inspirierte Theologie der Heilung des verwundeten Einzelnen und dem Kampf gegen die auf Strukturen der Verelendung schauende Befreiungstheologie. Beide Theologien stören den dogmatischen Ansatz jener ästhetischen Konstruktionen, deren ›irdische Relevanz‹ einzig und allein in der Stützung von Klerikermacht liegt. Es darf eben nicht sein, dass im Namen Jesu eine wirkliche ›Heilung zerbrochener Herzen‹ geschieht und den Armen eine wahrhaft Frohe Botschaft verkündigt wird, die sie leibhaftig leben lässt. Eine Stärkung von Menschen, sei es individuell oder im sozialen Raum, sowie jedwede Befreiung von Abhängigkeit stören die ›Kirche der Besitzenden‹.

die mit ihm auch gut vernetzt waren. Er hat noch im September 1988 dem brasilianischen Bischof Pedro Casaldaliga auch deshalb ein Mundverbot auferlegt, weil dieser ohne Vatikandekret Bezug genommen hatte auf Romero als *Märtyrer*. Er hat wiederholt, so 1984 und zuletzt eben 2007[108], einen bedeutsamen Berater Romeros gemaßregelt ...

Als Joseph Ratzinger schließlich Papst wurde, begann ein Pontifikat der rosaroten Kleriker-Seide mit Pelzbehang, Spitzenröckchen, feinen Käppchen, Kult der roten Schuhe und anderen Peinlichkeiten: Rosa Karneval *und* autoritäre Selbstherrlichkeit. Es waltete in einem beträchtlichen Teil des Kardinalkollegiums ein Relativismus sondergleichen hinsichtlich der Botschaft des Jesus von Nazareth; die Abgründe der Heuchelei von ›Sodoms‹ so zahlreichen erpressbaren Pupurträgern aus der langen Woijtyla-/Ratzinger-Ära kamen einem Pulverfass gleich.[109] Der Intrigantenstadel feierte fröhliche Urständ.

Das II. Vatikanum hatte für uns wieder eine »Katholizität« freigelegt, die auf das *Ganze* schaut (»für alle«) – und *deshalb* war eine ganze Theologengeneration »stolz« gewesen, katholisch zu sein; nun breitete sich – auch unter den ›postmodernen Jungen‹ in der kirchlichen Medienszene – erneut eine *konfessionalistische Sektiererei* aus. Offensiv wurden im ›kirchenamtlichen‹ Diskurs sogar theologische Ansätze wie die des Kirchenvaters Karl Rahner unter Häresieverdacht und eine Geltung der Beschlüsse des II. Vatikanums infrage gestellt, während die Hass-Rhetorik in rechtskatholischen Internetforen eskalierte.

Die drängenden Zivilisationsfragen waren derweil für Prälaten längst kein Thema mehr. Die von gewissenlosen Kardinälen wie Alfonso López Trujillo im Verein mit rechten Politikerriegen

---

[108] Im Folgejahr bedachte der Papst die Jesuiten gleichwohl mit einem freundlichen Wort zur Option für die Armen: BENEDIKT XVI. 2008*!

[109] Unter den gegebenen Voraussetzungen – kirchenamtliche Homophobie *und* rapider Anstieg der sich zunächst meist unbewußt in den Priesterstand flüchtenden Homosexuellen – hat der obligate Zölibat der Amtsträger der gesamten Kirche aller Getauften keineswegs eine besondere »Freiheit für das Reich Gottes« beschert, sondern eine unvorstellbare Erpressbarkeit im Gefüge der Kirchenleitung (vom Abgrund der sexuellen Priestergewalt ganz abgesehen).

eingefädelten Blockierungen im ›Kanonisationsverfahren Oscar Romero‹ blieben noch auf Jahre wirksam.

Erst unter Bischof Franziskus von Rom wurde 2013 der Weg frei für die »amtliche« Selig- und Heiligsprechung Romeros im Anschluss an das schon 1980 erfolgte Votum der Armen: »Franziskus hat sich die Selig- und Heiligsprechung Oscar Romeros zu einem ganz persönlichen Anliegen gemacht. Für ihn ist er ein Märtyrer und ein vorbildlicher Bischof einer armen Kirche für die Armen. Schon wenige Wochen nach seiner Wahl traf er sich mit Erzbischof Vincenzo Paglia, dem Verantwortlichen für die Causa Romeros, und forderte ihn auf, das Verfahren zu ›entblockieren‹ und schnell voranzubringen.«[110]

Kanonisation 2018 (Presidential El Savador: commons.wikimedia.org)

[110] MAIER 2018. – Vgl. auch MAIER 2015a, S. 10-11: »Im Verlauf der vergangenen zwei Jahre hat sich immer klarer gezeigt: Die treibende Kraft hinter der Seligsprechung war Papst Franziskus gewesen. Ein Priester aus El Salvador traf ihn 2007 bei der Bischofsversammlung im brasilianischen Aparecida. Er hörte damals vom damaligen Erzbischof von Buenos Aires: ›Wenn ich Papst wäre, würde ich Romero morgen seligsprechen. Doch ich werde niemals Papst.‹ Im Letzterem hat er sich getäuscht, und in Ersterem hat er Wort gehalten.«

Kirche der Armen

»Mit der Kirche der Armen wird [...] kein
Teil der Kirche bezeichnet, der sich vorrangig
den Armen widmet, sondern eine konstitutive
Eigenschaft der gesamten Kirche; entweder ist
die Kirche eine Kirche der Armen oder sie hört auf,
die wahre und heilige Kirche zu sein.

Die Kirche soll
eine, heilig, katholisch und arm sein, weil sich die
Kirche von dem durch Jesus verkündeten Reich
her gestaltet; dieses Reich ist zuerst eines, heilig
und gehört den Armen, dann erst katholisch
und apostolisch.«

Ignacio Ellacuría SJ (1930-1989),
Märtyrer

(Zitat: MAIER 2015a, S. 157-158)

III.

Der Erzbischof
von San Salvador und
die synodale Kirche

Zitate aus Oscar Romeros Predigten
und Zeugnisse über ihn

»Ich bin schlicht und ergreifend der Hirte, der Bruder, der Freund der Leute.«[1]
(Antwort auf eine Begrüßung durch Firmlinge)

»Viele werfen mir vor«, bemerkte Romero manchmal, »daß ich zu viele Leute zu viel um Rat frage. Doch das ist der schönste Vorwurf, den sie mir machen können. Und ich gedenke nicht, mich zu bessern!«[2]
(So mitgeteilt von César Jerez SJ)

»Wenn sie mich nicht wollen, wie ich bin, sollen sie mir doch das Erzbistum entziehen und mich zum Pfarrer in einer Pfarrei ernennen. Ich kann doch deshalb nicht meine Worte ändern, denn ich spreche, wie mein Gewissen es mir befiehlt.«[3]
(Romero nach der Visitation durch den argentinischen Kardinal Antonio Quarracino, Dezember 1978)

---

[1] Vgl. MAIER 2001, S. 132.

[2] Zit. LÓPEZ VIGIL 1999, S. 112. – Vgl. auch MAIER 2001, S. 43, 52 und 53: »Helfen Sie mir, helfen Sie mir!« (zu Ricardo Urioste, später sein Generalvikar); »Bei Exerzitien mit Priestern bat er diese ausdrücklich, ihm seine Fehler und Schwächen mitzuteilen.« Außerdem: »Wir können nicht autoritär reden, sondern wir müssen zum dialogischen Nachdenken im Licht des Evangeliums einladen.«

[3] Zit. MAIER 2015a, S. 69.

1.

DER MENSCH ALS »BILD GOTTES«

»Du bist kein Abfall. Du gehörst nicht an den Rand. Das Gegenteil ist der Fall: Du hast eine große, große Bedeutung.«[4]

»Es gibt keinen Gegensatz zwischen dem Bild Gottes und dem Menschen. Wer einen Menschen foltert, wer einen Menschen beleidigt, der beleidigt das Bild Gottes.«[5]

»Gott möchte uns Leben schenken, und jeder, der Leben zerstört oder durch Verstümmelung, Folter, Unterdrückung verletzt, zeigt uns auch durch diesen Gegensatz das göttliche Bildnis des Gottes des Lebens – des Gottes, der das Leben der Menschen achtet.«[6]

»Eine Verehrung für den Leib und das Blut des Menschensohnes erscheint durchaus am Platze, solange es so viele Übergriffe auf den Leib und das Blut in unserer Bevölkerung gibt. Ich möchte gerne in diese Feier unseres Glaubens zu Ehren der Gegenwart des Leibes und des Blutes Christi, das für uns vergossen worden ist, all das Blut und die Berge von Leichen mit hineinnehmen, die hier in unserer Heimat und in der ganzen Welt dahingemordet werden.«[7] (Fronleichnam 1978)

»Meine Position als Pastor verpflichtet mich dazu, mit jedem, der leidet, solidarisch zu sein und alle Anstrengung für die Würde der Menschen zu verteidigen ...«[8] (Predigt vom 7.1.1979)

»Das Leben ist immer heilig. Das Gebot des Herrn ›Du sollst nicht töten‹ heiligt das ganze Leben. Und auch wenn es das eines

---

4 Zit. ADVENIAT 2015*, S. 22.
5 Zit. MAIER 2001, S. 126.
6 Zit. BROCKMAN 1990, S. 304.
7 Zit. MAIER 2001, S. 137-138.
8 Zit. HAGEDORN 2006, S. 41.

Sünders ist, das vergossene Blut fleht immer Gott an. Und die, die töten, sind immer Mörder.«[9] (Predigt vom 24.6.1979)

»Nichts ist so wichtig für die Kirche wie das menschliche Leben, wie die menschliche Person. Vor allem die Person der Armen und Unterdrückten, die nicht nur menschliche, sondern auch göttliche Wesen sind; denn über sie sagte Jesus, dass Er all das, was ihnen angetan wird, selbst empfängt, als sei es Ihm angetan worden. Und dieses Blut und der Tod sind jenseits aller Politik. Sie berühren das Herz Gottes. Weder die Agrarreform, noch die Verstaatlichung der Banken, noch andere versprochene Maßnahmen können fruchtbar sein, wenn Blut vergossen wird.«[10] (Predigt vom 16.3.1980)

»Bei uns sind die schrecklichen Worte der Propheten [Amos und Jesaja] auch heute noch grausame Wahrheit. Auch bei uns gibt es jene, die ›den Unschuldigen für Geld und den Armen für ein Paar Sandalen verkaufen‹, jene, die in ihren Palästen Gewalt und Raub anhäufen; die den Armen in den Staub treten; die dafür sorgen, dass ein Reich der Gewalt entsteht, während sie in ihren Elfenbeinbetten liegen; die ein Haus nach dem anderen erwerben und sich ein Stück Land nach dem anderen aneignen, bis sie das ganze Land besitzen und Alleinherrscher sind.«[11] (Festvortrag in Löwen)

»Ich weiß, dass hier in der Kathedrale Menschen sind, die ihren Glauben verloren haben oder gar keine Christen sind: Seid herzlich willkommen! Wie Christus möchte ich jeder und jedem von euch sagen: Gottes Reich ist nicht fern von dir. Es ist in deinem Herzen. Suche, und du wirst es finden!«[12]

---

[9] Zit. HAGEDORN 2006, S. 40.
[10] Zit. HAGEDORN 2006, S. 40.
[11] Zit. MAIER 2015a, S. 79.
[12] ADVENIAT 2015*, S. 23.

»[Die Kirche] erwartet von euch, die ihr organisiert seid, daß ihr vernünftige politische Kräfte zum Allgemeinwohl des Volkes seid. Eine Revolution gestalten heißt nicht ›andere töten‹; denn nur Gott ist der Meister allen Lebens.«[13]

2.
ROMERO ZU CÉSAR JEREZ SJ
ÜBER SEIN HERKOMMEN

»Ein Mensch hat seine Wurzeln ... Ich bin in einer sehr armen Familie geboren. Ich habe Hunger gelitten, ich weiß, was es heißt, von klein auf zu arbeiten ... Als ich ins Seminar eintrat und meine Studien begann und man mir sagte, ich solle sie hier in Rom beenden, habe ich Jahr um Jahr zwischen Büchern verbracht und meine Herkunft ganz vergessen. Ich habe mir eine andere Welt geschaffen. Danach bin ich nach El Salvador zurückgekommen, und man hat mich zum Sekretär des Bischofs von San Miguel gemacht. 23 Jahre lang war ich Pfarrer dort und wieder in Papierkram versunken. Und als ich dann Weihbischof in San Salvador wurde, fiel ich dem Opus Dei in die Hände! Und da war ich nun... Dann schickten sie mich nach Santiago de Maria, und dort stieß ich wieder auf das Elend. Bei den Kindern, die allein schon an dem Wasser sterben, das sie getrunken haben, bei den Campesinos, die sich bei der Ernte zugrunde richten ... Sie wissen ja, Padre, Kohle, die einmal Glut gewesen ist, fängt beim kleinsten Windhauch wieder Feuer. Und es war nicht gerade wenig, was da in der Sache mit Padre Grande passiert ist. Sie wissen, dass ich ihn sehr gemocht habe. Als ich den toten Rutilio ansah, dachte ich: Wenn sie ihn für das umgebracht haben, was er getan hat, dann muss ich denselben Weg gehen wie er ... Ich habe mich geändert, ja, aber ich bin auch zurückgekehrt.«[14]

---

[13] Zit. BROCKMAN 1990, S. 295-296.
[14] Zit. MAIER 2001, S. 99-100.

3.

EINE KIRCHE,

DIE SICH ZUM EVANGELIUM BEKEHRT

»Wenn viele Menschen sich bereits von der Kirche entfernt haben, dann ist das darauf zurückzuführen, dass die Kirche sich zu weit von der Menschheit entfernt hat. Eine Kirche aber, die die Erfahrungen der Menschen als ihre eigenen verspürt, die den Schmerz, die Hoffnung, die Angst aller, die sich freuen oder leiden, am eigenen Leib verspürt, diese Kirche wird zum gegenwärtigen Christus.«[15]

»Jeder, der anschuldigt, muß auch bereit sein, selbst beschuldigt zu werden. Wenn die Kirche anderen Ungerechtigkeit vorwirft, ist sie auch bereit, selber angeklagt zu werden, und sie ist verpflichtet, sich zu bekehren. Die Armen sind der ständige Aufschrei, der nicht nur auf soziale Ungerechtigkeit, sondern auch auf die geringe Großherzigkeit der Kirche hinweist.«[16]

»Gewiss waren wir in der Kirche jahrelang dafür verantwortlich, dass viele Menschen die Kirche als eine Verbündete der Mächtigen in Wirtschaft und Politik gesehen haben, die mithin dazu beigetragen hat, dass diese Unrechtsgesellschaft, in der wir leben, entstehen konnte. Doch dem Herrn sei Dank, der seine Kinder immer zur Umkehr ruft. Und die salvadorianische Kirche versucht, sich zum Evangelium zu bekehren. Das ist der Kampf, den wir kämpfen. – Ich persönlich will in dieser Zeit ein treues und gefügiges Werkzeug des Heiligen Geistes sein; ich leihe dem Herrn meine Stimme, um ›die Stimme derer zu sein, die keine Stimme haben‹. Die Zeit ist gekommen, da wir Christen – jeder von uns – auf den Ruf des Herrn antworten müssen. Es wird viele geben, die noch immer nicht aufgewacht sind; haben wir Ge-

---

[15] Zit. ADVENIAT-PERSÖNLICHKEITEN 2018*.
[16] Zit. BROCKMAN 1990, S. 304.

duld mit ihnen, beten wir und helfen wir ihnen nach Möglichkeit, aufzuwachen.«[17] (Brief an Alfredo T.D., 28. Oktober 1976 [!])

»Die Kirche interessiert – genau wie Christus selbst – das Wohl aller Menschen und jedes Menschen, und deshalb hat sie in Lateinamerika ihr Wort zur Verteidigung der Menschenrechte verkündet, die unablässig verletzt werden. Man muss nur über die Felder gehen, um zu sehen, wie groß das Elend und die Unterdrückung sind, die unsere Bauern erleiden. Für den Arbeiter gilt das Gleiche. Es gibt keine Meinungsfreiheit: Wer um ein Stück Brot bittet, kommt ins Gefängnis. Es ist verboten zu sagen, dass das Volk an Hunger und Unterernährung stirbt, dass es keine medizinische Versorgung gibt und dass die Arbeitslosenrate (65% in unserem Land), die Analphabetenrate usw. hoch sind. [...] Wenn die grundlegenden Rechte der Person oder das Heil der Seelen dies erfordern, hat die Kirche das Recht und die Pflicht, sich auch zum Bereich der Politik selbst zu äußern [...]. Die Soziallehre der Kirche steht auf einer soliden biblischen Grundlage. Das kann jeder bezeugen, der die Heilige Schrift völlig leidenschaftslos und uneigennützig liest. Schon der heilige Johannes hat uns in einem seiner Briefe gesagt: ›Wenn jemand sagt: Ich liebe Gott!, aber seinen Bruder hasst, ist er ein Lügner. Denn wer seinen Bruder nicht liebt, den er sieht, kann Gott nicht lieben, den er nicht sieht.‹ – Was heißt es in Lateinamerika, seinen Bruder zu lieben?«[18] (Brief an Colonel Romeo B.R., 30.6.1978)

»Es ist keine Ehre für die Kirche, mit den Mächtigen auf gutem Fuß zu stehen. Die Ehre der Kirche besteht darin, dass sich die Armen in ihr daheim fühlen, dass sie ihre Sendung auf Erden erfüllt, indem sie alle, auch die Reichen, auffordert, sich zu bekehren und ihr Heil zu wirken, doch von der Welt der Armen aus, denn sie, sie allein sind diejenigen, die glückselig sind.«[19] (17. Februar 1980)

---

[17] Zit. Zit. ROMERO 2015, S. 57.
[18] Zit. ROMERO 2015, S. 98-99.
[19] Zit. MAIER 2001, S. 124.

»Da sich die Kirche für reale, nicht fiktive Arme einsetzt, da sie für wirklich Ausgebeutete und Unterdrückte eintritt, lebt sie in einer politischen Welt und verwirklicht sich als Kirche auch im politischen Bereich. Und wenn sie sich – wie Jesus – den Armen zuwendet, dann hat sie auch gar keine andere Wahl!«[20]

»Das ist nicht Politik, wenn in einer Predigt die politischen, sozialen und wirtschaftlichen Sünden aufgezeigt werden; sondern das ist das Wort Gottes, das in unserer Wirklichkeit Fleisch wird. [...] Ich bemühe mich nur, dass die Anstöße des Zweiten Vatikanischen Konzils und der Bischofsversammlungen von Medellín und Puebla nicht nur toter Buchstabe und Theorie bleiben, sondern dass wir sie ins Leben und in diese konfliktreiche Wirklichkeit umsetzen, um so das Evangelium angemessen für unser Volk zu verkünden.«[21] (23. März 1980, letzte Sonntagspredigt Romeros, einen Tag vor seiner Ermordung)

»Eine Zivilisation der Liebe, die keine Gerechtigkeit von den Menschen fordern würde, wäre keine wirkliche Zivilisation und würde nicht die wahren Beziehungen unter den Menschen kennzeichnen. Deshalb handelt es sich um eine Karikatur der Liebe, wenn man mit Almosen abdecken will, was man aus Gründen der Gerechtigkeit schuldig ist: Das ist doch nur Flickschusterei unter dem Anschein der Wohltätigkeit, während man in der sozialen Gerechtigkeit versagt.«[22]

---

[20] Zit. ADVENIAT 2015*, S. 22.
[21] Zit. MAIER 2001, S. 82; MAIER 2015a, S. 85.
[22] Zit. MAIER 2001, S. 56.

4.
GLAUBENSBEKENNTNIS – GEBET

»Gott ist gütig und ich kann leicht zu ihm finden.«[23] (Romero, Notiz 1978)

»Wir glauben an Jesus, der zu uns kam, um uns Leben in Fülle zu bringen, und wir glauben an einen lebendigen Gott, der den Menschen Leben gibt und will, dass sie wirklich leben. Diese grundlegenden Glaubenswahrheiten werden zu wirklichen unumstößlichen Wahrheiten, wenn sich die Kirche in das Zentrum von Leben und Tod ihres Volkes begibt. Denn hier ist die Kirche, und mit ihr jeder einzelne, vor die fundamentale Wahl gestellt, für das Leben oder für den Tod zu sein. Mit großer Klarheit erkennen wir, dass Neutralität in diesem Punkt unmöglich ist. Entweder dienen wir dem Leben der Salvadorianer, oder wir machen uns mitschuldig an ihrem Tod. Entweder wir glauben an einen Gott des Lebens oder wir dienen den Götzen des Todes.«[24] (Vortrag in Löwen vom 2.2.1980)

»Wer an den Dingen der Ewigkeit teilhaben möchte, muss Mitarbeiter Gottes in der Gerechtigkeit, im Frieden und in der Liebe im Reich dieser Welt sein.«[25]

»Beten und alles von Gott erwarten und nichts tun, das ist nicht beten. Das ist Faulheit und Entfremdung. Das ist Passivität und Anpassung. Die Zeiten sind vorbei, meine Schwestern und Brüder, wo man sagte, das sei der Wille Gottes. Viele Dinge, die geschehen, sind nicht der Wille Gottes. Wenn der Mensch von seiner Seite etwas dazu beitragen kann, um die Verhältnisse zu verbessern und wenn er Gott um Mut bittet, das zu tun, dann handelt es sich um Gebet.«[26]

---

[23] Zit. MAIER 2001, S. 141.
[24] Zit. HAGEDORN 2006, S. 40.
[25] Zit. MAIER 2001, S. 121.
[26] Zit. MAIER 2001, S. 143.

[Gebet ohne Lebensbezug:] »Das ist kein Christentum, und deshalb sagten sie zu den Christen, wir würden dem Volk Opium geben, und hier hatte der Kommunismus Recht, denn sie arbeiteten, während die Christen bloß beteten und nichts taten.«[27]

»Transzendenz bedeutet nicht: zum Himmel schauen, an das ewige Leben denken und über die Probleme der Erde hinweggehen. Vielmehr handelt es sich um eine Transzendenz, die dem menschlichen Herzen gilt. Sie bedeutet, sich auf das Kind, auf den Armen, auf den in Lumpen Gekleideten, auf den Kranken einzulassen, in die Elendshütten und Häuser zu gehen und mit ihnen allen zu teilen. Transzendenz bedeutet, aus der Mitte des Elends selbst diese Lage zu überschreiten, den Menschen zu erheben, ihn voranzubringen und ihm zu sagen: Du bist kein Abfall. Du gehörst nicht an den Rand. Das Gegenteil ist der Fall: Du hast eine große, große Bedeutung.«[28]

»Es geht um den Kampf für das Reich Gottes. Für diesen Kampf brauchen wir keine Panzer oder Maschinengewehre, keine Schwerter oder Karabiner. [...] Wir kämpfen unseren Kampf mit Gitarren und Liedern der Kirche. Denn auf diese Weise streben wir die Bekehrung der Sünder an: Wir säen in den Herzen und verändern die Welt. [...] Das ist die ›Rache‹ der Christen. Wir wollen, dass auch die sich bekehren, die uns schlagen.«[29]

»Ich komme aus dem kleinsten Land des fernen Lateinamerika. Ich trage in meinem Herzen eines salvadorianischen Christen und Hirten Grüße, Dankbarkeit und die Freude, daß ich vitale Erfahrungen mit Ihnen teilen darf ... Unsere salvadorianische Welt ist nichts Abstraktes, nicht ein weiterer Fall dessen, was man in entwickelten Ländern wie dem Ihren unter ›Welt‹ versteht. Es ist eine Welt, die in ihrer überwältigenden Mehrheit von armen und unterdrückten Männern und Frauen gebildet wird ...

[27] Zit. MAIER 2001, S. 123.
[28] Zit. ADVENIAT-PERSÖNLICHKEITEN 2018*.
[29] Zit. ADVENIAT 2015*, S. 23.

Heute wissen wir besser, was Sünde ist. Wir wissen, daß die Beleidigung Gottes der Tod des Menschen ist. Wir wissen, daß die Sünde wirklich tödlich ist, nicht nur aufgrund des inneren Todes dessen, der sie begeht, sondern aufgrund des realen, objektiven Todes, den sie erzeugt. Und ebendies erinnert uns an das Grunddatum unseres christlichen Glaubens. Sünde ist, was dem Sohn Gottes den Tod gebracht hat, und Sünde ist und bleibt, was den Kindern Gottes den Tod bringt ... Die alten Christen sagten: ›Die Ehre Gottes ist es, daß der Mensch lebe.‹ Das könnten wir konkretisieren, indem wir sagen: ›Die Ehre Gottes ist es, daß der Arme lebe‹.«[30] (Festvortrag Löwen, 2.2.1980)

»Die Kirche ist keine unantastbare Festung, sondern sie verkörpert die Nachfolge jenes Jesus Christus, der inmitten der Welt lebte, arbeitete, kämpfte und starb. Der Gott, zu dem wir uns bekennen, ist kein toter Gott. Er ist ein lebendiger Gott, der den Schmerz von Gefolterten und Sterbenden mitempfindet.«[31]

5.
DAS LEHRAMT DER ARMEN

»Der Priester muss arm sein, auch wenn er kein Armutsgelübde abgelegt hat; das ist eine Forderung der pastoralen Liebe.«[32] (Romero im März 1940 in der Hauszeitung des Lateinamerikanischen Kollegs)

Romero nach dem Besuch in einer Campesino-Gemeinde seines damaligen Bistums Santiago de María (1974-1977), zu Juan Macho: »Stellen Sie sich vor, Padre, ich hatte meine Vorbehalte gegen diese Campesinos, aber ich sehe, daß sie das Wort Gottes besser auslegen als wir. Sie treffen es genau.«[33]

---

[30] Zit. LÓPEZ VIGIL 1999, S. 291.
[31] Zit. ADVENIAT 2015*, S. 23.
[32] Zit. MAIER 2001, S. 53; vgl. ebd., S. 28 zu seinem einfachen Lebensstil.
[33] Zit. LÓPEZ VIGIL 1999, S. 56-57.

»Das Volk ist mein Prophet.«»Ich muß darauf hören, was der Heilige Geist durch sein Volk sagt.« –»Der Bischof muss viel von seinem Volk lernen.«»Mit diesem Volk ist es nicht schwer, ein guter Hirte zu sein. Es ist ein Volk, das die dazu Berufenen dazu drängt, seine Rechte zu verteidigen und ihm eine Stimme zu verleihen.« – Nach der zuhörenden Teilnahme an einem einstündigen Bibelgespräch von Campesinos, mit Tränen in den Augen: »Ich dachte immer, dass ich das Evangelium kenne, aber jetzt lerne ich, es mit anderen Augen zu lesen.« –»Ich habe Gott kennen gelernt, weil ich mein Volk kennen gelernt habe.«[34]

»Niemand kann Weihnachten feiern,
ohne selbst wirklich arm zu sein.
Die Selbstgefälligen, Stolzen,
diejenigen, die alles haben
und auf andere herabblicken,
alle, die Gott nicht brauchen,
sie werden Weihnachten nicht erleben.
Nur die Armen, die Hungrigen,
die jemanden brauchen,
der für sie eintritt,
werden es bekommen.
Dies ist Gott, Emmanuel,
der Gott-mit-uns.
Ohne Armut kann
Gott uns nicht erfüllen.«[35]

»Sowohl Medellín als auch Puebla haben der Bildung und dem Wachstum der kirchlichen Basisgemeinden große Bedeutung beigemessen, und unser Erzbistum tut dies ebenso. Wir leben in einer sehr schwierigen Zeit, die Veränderungen sind kaum zu durchschauen, wenn man nicht begreift, dass jeder Christ, ganz gleich ob Priester, Ordensmitglied, Laie oder Bischof, für den

---

[34] Zit. MAIER 2001, S. 128 und 133. (Der Terminus »Volk« ist im deutschen Sprachraum gewiss nicht zu übernehmen; im Spanischen schwingt mit: die »Leute«)
[35] Zit. http://www.lebenshaus-alb.de

Aufbau des Gottesreichs verantwortlich ist, das schon hier auf Erden beginnt und am Ende der Zeiten zu seiner Fülle gelangt.«[36] (Brief an Jorge A., 5. Juli 1979)

»Ich freue mich, meine Schwestern und Brüder, dass unsere Kirche verfolgt wird wegen ihrer Option für die Armen, und weil sie versucht, im Interesse der Armen Fleisch zu werden. Und ich möchte dem ganzen Volk, den Regierenden, Reichen und Mächtigen sagen: Wenn ihr nicht werdet wie die Armen, wenn ihr euch nicht für die Armut unseres Volkes interessiert, als sei es eure eigene Familie, werdet ihr die Gesellschaft nicht retten können.«[37] (Predigt vom 15.7.1979)

»Die Welt der Armen lehrt uns, dass die erhabene christliche Liebe den dringenden Kampf um Gerechtigkeit für die Mehrheit nicht fliehen darf, sondern auf sich nehmen muss. Die Welt der Armen lehrt uns, dass Befreiung nicht erreicht wird, wenn die Armen Adressaten des wohltätigen Handelns von Staat und Kirche sind, sondern nur, wenn die Armen selbst die Akteure und Protagonisten ihres Kampfes um Befreiung sind ...«[38] (2. Februar 1980)

»Wenn sie uns vielleicht eines Tages das Radio genommen haben, unsere Zeitungen nicht mehr erscheinen und sie uns nicht mehr reden lassen, wenn sie alle Priester und auch den Bischof getötet haben werden und ihr ein Volk ohne Priester sein werdet, dann wird jeder unter euch ein Botschafter und ein Prophet sein müssen.«[39]

---

[36] Zit. ROMERO 2015, S. 99.
[37] Zit. HAGEDORN 2006, S. 41.
[38] Zit. nach einer Vortrags-Präsentation von Martin Maier SJ.
[39] Zit. MAIER 2001, S. 61.

6.

DIE KIRCHE KANN NICHT SCHWEIGEN

»Die Kirche würde ihre Liebe zu Gott und ihre Treue zum Evangelium verraten, wenn sie aufhörte, die Stimme derer zu sein, die keine Stimme haben.«[40]

»Ich klage vor allem die Verabsolutierung des Reichtums an. Das ist das große Übel in El Salvador: der Reichtum, das Privateigentum als etwas unantastbar Absolutes. Wehe dem, der diese Hochspannungsleitung berührt. Er verbrennt. Es ist nicht gerecht, dass einige wenige alles besitzen und ihren Besitz so absolut setzen, dass ihn niemand berühren darf, und gleichzeitig sterben die Ausgegrenzten, die die Mehrheit der Bevölkerung bilden, an Hunger.«[41]

»Sie wollen nicht, dass auch nur eine Stimme von der Stimme der Mächtigen abweicht, sie wollen keine Worte, die für die eintreten, die keine Stimme haben, und erst recht keine Taten, die die Schutzlosen und Verfolgten in Schutz nehmen.«[42] (Brief an Bischof Leonidas P., 27. Juli 1977)

»Die Kirche kann nicht schweigen, wenn Tausende unserer Brüder und Schwestern unter den Folgen der Ungerechtigkeit leiden, in der unser Lateinamerika lebt; sie kann nicht schweigen angesichts der Schmerzen und beständigen Übergriffe, die unsere Brüder und Schwestern, die Bauern, und das Volk insgesamt erdulden. Die Kirche hat die feste Hoffnung, dass der Friede, die Gerechtigkeit und die Liebe unter den Menschen eines Tages möglich sein werden. Deshalb arbeitet sie ständig daran, dass die Verwirklichung des Reiches Gottes von dieser Erde hier ihren Ausgang nimmt.«[43] (Brief an Antonio Z., 14. Juni 1978)

---

[40] Zit. HAGEDORN 2006, S. 11.
[41] Zit. MAIER 2001, S. 130.
[42] Zit. ROMERO 2015, S. 63.
[43] Zit. ROMERO 2015, S. 62.

»Als geistlicher Hirte und salvadorianischer Bürger schmerzt es mich zutiefst, dass der organisierte Teil unseres Volkes weiterhin massakriert wird – nur deshalb, weil das Volk auf die Straße gegangen ist, um in geordneter Weise um Gerechtigkeit und Freiheit zu bitten ... Der Schrei dieses Volkes nach Befreiung steigt auf zu Gott. Nichts und niemand kann diesen Schrei aufhalten.«[44] (Romero, 27. Januar 1980)

7.
VERFOLGUNG
ALS ERKENNUNGSZEICHEN DER ›WAHREN KIRCHE‹

»Die Kirche wird immer dann verfolgt, wenn sie ihre evangelische Sendung zu verwirklichen sucht, wenn sie praktische Konsequenzen aus ihrer Botschaft bzw. hier und jetzt aus den Beschlüssen des Konzils und Medellín zieht.«[45]

»Die Kirche wird verfolgt, weil sie in Wahrheit die Kirche Jesu Christi sein will. Solange die Kirche jenseitige Erlösung verkündet, ohne selbst in die realen Probleme dieser Welt einzutauchen, wird sie geachtet und gepriesen und sogar mit Privilegien überschüttet. Wenn sie aber ihrer Sendung treu ist und auf die Sünde hinweist, die so viele ins Elend stürzt, wenn sie die Hoffnung auf eine gerechtere und menschlichere Welt verkündet, dann wird sie verfolgt und verleumdet, wird subversiv und kommunistisch genannt.« – »Umgebracht wird, wer stört.«[46]

»Sie verfolgen uns, weil sie nicht wissen, was sie mit einer Kirche machen sollen, die die Armen verteidigt.« – »Die Verfolgung ist ein charakteristisches Zeichen für die Echtheit der Kirche. Eine Kirche, die keine Verfolgung erleidet, sondern die Privilegien

---

[44] Zit. MAIER 2015a, S. 77.
[45] Zit. MAIER 2001, S. 59.
[46] Zit. MAIER 2001, S. 57.

genießt und auf irdische Dinge baut, diese Kirche sollte Angst haben! Sie ist nicht die wahre Kirche Jesu Christi.«[47]

»Ich freue mich, Brüder und Schwestern, dass sie in diesem Land Priester ermordet haben. Denn es wäre traurig, wenn in einem Land, in welchem derart schreckliche Mordtaten verübt werden, sich nicht auch Priester unter den Opfern befänden. Sie geben Zeugnis von einer in den Leiden des Volkes inkarnierten Kirche.«[48]

»Wir wissen sehr wohl, daß Regierung und Oligarchie unterschiedslos all jene als Subversive bezeichnen, die sich der Ungerechtigkeit bewußt geworden sind, die wirksam versuchen, diese Ungerechtigkeiten zu beseitigen. Wenn wir aber für einen Augenblick die Probleme der Ideologien hintansetzen, in deren Namen man die verabscheuungswürdigsten Verbrechen zu rechtfertigen sucht, so glaube ich, daß für uns alle, als Bischöfe, Christen und gewöhnliche Salvadorianer, die Ursache unserer Not offensichtlich ist: Die Massen der Armen und all jener, die sich auf ihre Seite stellen, werden systematisch ausgerottet. Fragwürdiges kann auch auf deren Seite bisweilen geschehen. Wer der großen Menge der Armen zu helfen oder sie zu verteidigen sucht, wird immer wieder an die menschlichen Grenzen stoßen. All dies aber ändert nicht ernstlich die grundlegende Tatsache, daß in unserem Land die Kinder Gottes, besonders die Armen, die Lieblinge Gottes, zu deren Gunsten wir uns in Puebla entschieden haben, ungestraft ermordet werden.«[49]

»Ich glaube, dass jede pastorale Arbeit im Einsatz für die Armen immer verfolgt werden wird, und dass das vielleicht ein Zeichen ist, an dem sich die Treue der prophetischen Sendung der Kirche

---

[47] Zit. MAIER 2001, S. 60.
[48] Zit. MAIER 2001, S. 11.
[49] Zit. BROCKMAN 1990, S. 240-241.

zum Herrn inmitten seines Volkes erweist.«[50] (Brief an die Töchter der Unbefleckten Jungfrau von G., 20.9.1979)

»Verfolgt und attackiert wird jener Teil der Kirche, der sich auf die Seite der Armen gestellt und sich ihrer Verteidigung angenommen hat. Und wiederum findet sich hier der Schlüssel, um die Verfolgung der Kirche zu verstehen: die Armen. Wiederum sind es die Armen, die verständlich machen, was wirklich passiert.«[51] (Rede in Löwen, 2.2.1980)

8.
›FREUDE DES EVANGELIUMS‹

»Darin besteht die Freude des Christen: Ich weiß, dass ich ein Gedanke Gottes bin.«[52]

»Aller Prunk dieser Welt vergeht, all die falschen Siege. [...] Doch die Freude bleibt, diese Welt dazu gebraucht zu haben, um mitten in sie hinein das Reich Gottes einzupflanzen.«[53]

»Es kann fast sarkastisch klingen, solche Worte zu verkünden, wenn wir in El Salvador so viel Leid und Angst erfahren und mit so vielen unterschiedlichen Formen von Psychosen leben. Und trotzdem glaube ich, dass kein anderer Aufruf wichtiger in unserem Land, für das Volk von El Salvador ist als der Aufruf in der liturgischen Feier von heute morgen: ein Aufruf zur Freude der Zuversicht ... Gott ist kein Gott der Traurigkeit, sondern ein Gott der Feste und Feiern, ein Gott der Fröhlichkeit. Deshalb gibt es in den Herzen der gläubigen Menschen keinen Raum für Pessimismus.«[54] (20.1.1980, zwei Monate vor der Ermordung)

---

[50] Zit. ROMERO 2015, S. 78.
[51] Zit. HAGEDORN 2006, S. 78.
[52] Zit. ADVENIAT-PERSÖNLICHKEITEN 2018*.
[53] Zit. ADVENIAT 2015*, S. 22.
[54] Zit. MAIER 2015a, S. 92-93.

»Was für ein wunderbarer Tag wird sein, wenn es eine neue Gesellschaft gibt: statt egoistisch alles zu konservieren und zu verwahren, teilt sie lieber und freut sich, dass wir uns alle wie Kinder des selben Gottes fühlen.«[55] (Romero, 27. Januar 1980)

»Wir haben kein Recht, traurig zu sein. Ein Christ kann nie pessimistisch sein. Ein Christ muss in seinem Herzen immer die Fülle der Freude bewahren.«[56] (20. Mai 1979)

9.
CORALIA GODOY ÜBER ROMERO:
DEN ›LAIEN‹ WUCHSEN FLÜGEL

»Zu uns Laien hatte er großes Vertrauen. Er ließ uns gewähren, und du merktest richtig, wie dir Flügel wuchsen. ›Sie gehen auf Mission in die Vikariate und treffen sich mit den Priestern, um sie zu unterweisen.‹ – Stell dir das Wagnis vor, zu dem er uns aufforderte: wir Laien, zumeist auch noch Frauen, die die Priester zusammenholen und sie belehren! – ›Oh weh, Monseñor‹, sagte ich zu ihm, als er zum erstenmal damit herausrückte, ›das macht mir schon ein bißchen Angst. Ich glaube, einigen Padres wird es nicht sehr gefallen.‹ – ›Und selbst wenn es ihnen ganz und gar nicht gefällt!‹ – ›Und wenn sie uns die Tür vor der Nase zuschlagen?‹ – ›Dann steigen Sie durch das Fenster ein. Sie haben eine Verantwortung; nehmen Sie sie wahr!‹ – Also zogen wir los, fragten die Pfarrer, welche Pastoral sie verfolgten, schlugen Kurse vor, boten ihnen die Zusammenarbeit an. – ›Es ist zur besseren Abstimmung zwischen allen.‹ – Und so konnten wir manchmal durch die Tür eintreten, ziemlich häufig aber schmuggelten wir uns durchs Fenster ein.« (Coralia Godoy[57])

[55] Zit. nach einer Vortrags-Präsentation von M. Maier SJ.
[56] Zit. nach einer Vortrags-Präsentation von M. Maier SJ.
[57] Zit. LÓPEZ VIGIL 1999, S. 98-99.

10.
Der Campesino Apólinario
zeigt Romero den Unterschied
zwischen seinem und des Erzbischofs Glauben

»Sehen wir mal zu, Monseñor. Glauben Sie an Gott?« – »Aber klar glaube ich an Gott« – »Und glauben Sie ans Evangelium?« – »Auch das, ja. Ich glaube ans Evangelium.« – »Dann steht es unentschieden! Ich glaube nämlich auch an Gott und an das Evangelium. Wir beide sagen das gleiche, aber es ist doch nicht dasselbe! Rate, rate, Ratefee, warum tut der Wanst mir weh?! Raten Euer Exzellenz, worin liegt die Differenz?!« fuhr Polín mit seinem seltsamen Singsang fort. – »Also das weiß ich nicht, Polín«, lachte Monseñor. – »Sie glauben an das Evangelium, weil das Ihr Job ist. Sie haben es studiert, lesen es und predigen es. Sie haben eben einen Bischofsjob! Und ich … Ich kann kaum lesen und habe nicht die ganze ›Indiologie‹ vom Evangelium studiert, aber ich glaube an das Evangelium. Sie glauben, weil das Ihr Amt ist, ich glaube, weil ich es brauche. Denn es sagt mir, daß Gott nicht will, daß es Reiche und Arme gibt, und ich bin arm! Sehen Sie die ›Differenz‹? Das war sie. Kapieren Sie sie? Wir haben denselben Glauben, aber wir marschieren auf verschiedenen Wegen.« – Monseñor betrachtete ihn von oben bis unten, dieses ganze kleine Männchen, das Polín war. Und von da an waren sie bis zum Schluß dicke Freunde. (Mitgeteilt durch Rutilio Sánchez)[58]

---

[58] Zit. López Vigil 1999, S. 106-107.

11.
ZEUGNISSE ÜBER OSCAR ROMEROS »LEITUNGSSTIL«

Francisco Estrada: Kein Maulkorb für Priester

»Ich kann bezeugen, dass Monseñor nie irgendeinen Priester ausschloß oder ihm den Mund verbot, weil er vielleicht anders dachte als der Erzbischof oder nicht auf dessen pastoraler Linie lag.«[59]

Coralia Godoy über
die Prioritäten in Romeros Terminkalender[60]

»Also ich glaube, diese Terminplanung wird nicht gehen.« – »Nein ...?« – »Nein, denn ich habe meine Prioritäten. Und ob mit Planung oder ohne Planung – ich werde erst jeden Campesino empfangen, der hierherkommt, ob tagsüber oder sonst zu einer Stunde, ob Sitzung oder nicht ...« – »Und das heißt ...?« – »Nein. Nein. Schauen Sie, meine bischöflichen Mitbrüder haben alle einen Wagen, die Pfarrer können den Bus nehmen und können ohne weiteres warten. Aber die Campesinos? Sie kommen meilenweit zu Fuß hierher, unter so vielen Strapazen, und manchmal haben sie noch nicht einmal gegessen ... Erst gestern kam einer von La Unión. Weil er an einer christlichen Versammlung teilgenommen hat, hat ihn ein Polizist so böse ins Genick geschlagen, daß er davon blind geworden ist. Er ist nur gekommen, um mir das zu erzählen ...« – Was sollte ich da noch sagen. Ich zerknüllte die Papiere mit meinen Vorschlägen zur Terminplanung in den Händen. – »Schauen Sie, die Campesinos bitten mich nie um irgend etwas, sie erzählen mir nur von ihren Dingen, und das erleichtert sie schon. Soll ich vielleicht ihre Kümmernisse planen? Vergessen Sie's lieber.« – Ich ging hinaus und warf meine Pläne in den erstbesten Papierkorb, den ich fand.

---

[59] Zit. LÓPEZ VIGIL 1999, S. 187.
[60] Zit. LÓPEZ VIGIL 1999, S. 117.

Jon Sobrino SJ über
die Prozession von Aguilares im Juni 1977

»Aguilares blieb unter Militärverwaltung. An Massaker und Repressionsmaßnahmen in Campesinogebieten waren wir schon gewöhnt, aber daß sie eine ganze Stadt einen ganzen Monat lang unter Militärverwaltung stellten, geschah zum erstenmal. Dreißig Tage lang konnte sich niemand in Aquilares frei bewegen. – Ein Monat der Ungewißheit. Was würde geschehen? Alle möglichen Gerüchte über die Absichten des Militärs liefen um. – Am 19. Juni wurde die militärische Besetzung beendet und die freie Passage wieder erlaubt. Die Gemeinden von San Salvador riefen dazu auf, nach Aguilares zu kommen und Monseñor Romero zu begleiten, der dort eine Messe zelebrieren wollte. Die Kirche war voll, aber nur wenige von dort waren darunter – ein Zeichen für den Terror jenes Monats. Wir haben nie Genaueres erfahren, aber man sprach von zweihundert Ermordeten, von Folterungen, Vergewaltigungen, von Leuten, die auf Nimmerwiedersehen verschwanden. – ›Meine Sache ist das Einsammeln von Zeugnissen der Gewalt, von Leichen und von all dem, was die Verfolgung der Kirche hinterläßt. Heute ist es an mir, diese Kirche und diesen entweihten Konvent heimzuholen, diesen zerstörten Tabernakel, vor allem aber ein gedemütigtes, schmählich hingeopfertes Volk ...‹ So begann Monseñor seine Predigt. Wenn jemand einen Bischof fragt, welches seine Aufgabe ist, wird jeder eine andere Antwort geben. Romero hat an jenem Tag seine Aufgabe so definiert: Leichen einsammeln. Und er hatte recht. Im El Salvador jener Zeit war das der Realität, der Geschichte am nächsten: die erschlagenen Toten eines jeden Tages einzusammeln. Der Bischof mußte sie einsammeln, mußte sie heimholen. – Am Ende der Messe lud Romero uns ein, als Sühne für die Entweihung der Kirche durch die Nationalgardisten eine Prozession mit dem Allerheiligsten durch die Straßen zu machen. Wir zogen singend aus der Kirche. Es war ein schrecklich heißer Tag und Monseñor Romero unter dem roten Pluviale in Schweiß gebadet. Hoch erhoben trug er die Monstranz. Vor ihm Hunderte von Menschen.

Singend und betend umrundeten wir die Plaza. Die Bürgermeis-
terei gegenüber der Kirche war voller Gardisten, die uns beo-
bachteten. Als wir uns näherten, postierten sich einige von ihnen
mitten auf der Straße und legten ihre Gewehre auf uns an. Weitere kamen heraus. Breitbeinig standen sie da in ihren groben
Stiefeln und bildeten eine Mauer, um uns am Weitergehen zu
hindern. Die Leute an der Spitze blieben unbeweglich stehen,
bald hielten auch die weiter hinten an. Die Prozession kam zum
Stillstand. Dort die Gewehre und hier wir – Aug' in Auge. Als
niemand mehr sich rührte, wandten wir uns zu Monseñor um,
der ganz am Ende schritt. Er hob die Monstranz noch ein wenig
höher und sagte mit lauter Stimme, so daß es alle hörten: ›Vor-
wärts!‹ – Da gingen wir weiter, Schritt für Schritt auf die Soldaten zu, und diese begannen ganz allmählich zurückzuweichen.
Wir auf sie zu und sie immer weiter zurück in Richtung Kaserne.
Schließlich senkten sie die Gewehre und ließen uns passieren. –
Von diesem Tag an mußte man bei jedem wichtigen Ereignis in
El Salvador, ob als Gefolgsmann oder als Verfolger, immer auf
Monseñor Romero schauen.«[61]

Victor Acosta:
Beifall für den Brief an den US-Präsidenten

»In meiner Bank machte ich einen kleinen Freudensprung, als ich
hörte, was Monseñor Romero an jenem Sonntag in der Kathedrale vortrug. Denn gewöhnlich las er im Radio die Briefe vor, die
wir Armen ihm schickten. Aber jetzt las er den vor, den er selbst
geschrieben hatte – einen Brief an den Präsidenten der Vereinigten Staaten! Guter Gott!: ›Sehr geehrter Herr Präsident ... Mit
Sorge betrachte ich die Nachricht, daß die Regierung der Vereinigten Staaten die Möglichkeit erwägt, die Aufrüstung El Salvadors zu fördern durch die Entsendung von Militärberatern, die
die salvadorianischen Bataillone in Logistik, Kommunikations-

---

[61] Zit. LÓPEZ VIGIL 1999, S. 133-135.

und Nachrichtentechnik trainieren sollen ... Da ich als Erzbischof der Erzdiözese San Salvador die Pflicht habe, darüber zu wachen, daß in meinem Land Glaube und Gerechtigkeit herrschen, bitte ich Sie: Wenn Sie wirklich die Menschenrechte verteidigen wollen, dann verhindern Sie diese Militärhilfe für die Regierung von El Salvador und garantieren Sie, daß Ihre Regierung nicht direkt oder indirekt mit militärischen, wirtschaftlichen und diplomatischen Pressionen in das Geschick des salvadorianischen Volkes eingreift ...‹ [Brief, 17.2.1980] Als Monseñor den Vortrag seines Briefes beendet hatte, erdröhnte die Kathedrale vom Beifall. Und es war, als würden wir mit diesem Beifall neben Monseñors Unterschrift auch unsere unter den Brief an den Gringo setzen.«[62]

Protest gegen die Unterstützung der Regierung El Salvadors durch die USA, Chicago 1989. Auf einem der Plakate steht: ›No US-$$ for Death Squad Government in El Salvador‹ (Keine US-Dollars für die Todesschwadronen-Regierung in El Salvador). – Die US-Waffenlieferungen ermöglichten nach Romeros Tod die Ermordung von über 50.000 Salvadorianer*innen. (Bildquelle: Linda Hess Miller, commons.wikimedia.org)

---

[62] Zit. LÓPEZ VIGIL 1999, S. 294.

12.

OSCAR ROMERO UND DIE SOLDATEN

Zeugnis eines Campesino-Soldaten im Mordapparat

Ramón Montero:»Wir hatten ein beschissenes Leben. Denn die befahlen dir, Leute auf dem Land zu töten, Leute, von denen du nicht einmal den Namen und schon gar nicht das Vergehen kanntest. Und sie hatten überhaupt nichts getan! Im Gegenteil: sie waren Christen wie wir, die bloß Hunger hatten, und auf die mußtest du schießen und ihnen die Hütte zerstören und ihnen die Schweine und Hühner stehlen. [...] Wenn ich seine Predigten hörte, spürte ich Erleichterung. Und deshalb schrieben wir ihm den Brief, den er dann in einer seiner Predigten vorlas. Wir schickten ihn ab und riskierten damit unsere Haut, und er setzte seine genauso aufs Spiel, als er ihn bekanntgab.«[63]

Romero verliest am 20. Januar 1980 den Brief der Soldaten:

»Ich habe hier einen sehr bewegenden, höchst aufschlußreichen Brief von einer Gruppe von Soldaten. Ich lese den Teil vor, der uns näher angehen dürfte. ›Wir, eine Gruppe von Soldaten, fragen an, ob Sie die Probleme, die wir haben, und die Forderungen, die wir den Offizieren und Kommandanten und der Regierungsjunta unterbreiten, öffentlich machen können, und wir sind Ihnen für Ihre Hilfe im Voraus dankbar. Was wir wollen, ist eine Verbesserung für die Truppen der Streitkräfte von El Salvador: 1. Verbesserung der Unterkunft, 2. daß die Prügelstrafe und die Beschimpfung gegen die Truppe unterlassen werden, 3. daß die Bekleidung der Truppe verbessert wird, 4. daß unser Sold erhöht wird, denn wir bekommen definitiv 200 bis 300 Salvador-Colón monatlich, und nach allen Abzügen bleibt so gut wie nichts, 5. daß man uns nicht mehr losschickt, um das Volk zu unterdrü-

---

[63] Zit. LÓPEZ VIGIL 1999, S. 287-288.

cken ...‹ (Beifall). – Liebe Soldaten, in diesem Beifall des Volkes können Sie die Hand erkennen, die sich Ihren Nöten entgegenstreckt.«[64]

Romero zitiert aus einer Briefzuschrift

»Wir sind der Waffen und der Geschosse müde. Wir hungern nach Gerechtigkeit, nach Nahrung, nach Medikamenten, nach Bildung und nach wirksamen Programmen einer aussichtsreichen Entwicklung. Sind die Menschenrechte einmal beachtet, werden wir keine Verwendung für Waffen und Tötungsmethoden haben.«[65]

Romero fordert die Soldaten am 23. März 1980 auf,
Befehle zum Töten zu verweigern

»Brüder, ihr gehört zu unserem Volk. Ihr tötet eure eigenen Brüder unter den Bauern. Wenn ein Mensch euch befiehlt zu töten, dann muss das Gesetz Gottes mehr gelten, das da lautet: Du sollst nicht töten! Kein Soldat ist verpflichtet, einem Befehl zu gehorchen, der gegen das Gesetz Gottes gerichtet ist. Ein unmoralisches Gesetz verpflichtet niemanden. Es ist höchste Zeit, dass ihr auf euer Gewissen hört und mehr seinem Gebot Folge leistet, als der Ordnung der Sünde! Die Kirche, die Verteidigerin der Rechte Gottes und der menschlichen Würde, der Würde der Person, kann angesichts solcher Abscheulichkeiten nicht schweigen! Wir wollen, dass die Regierung sich darüber klar wird, dass Reformen, die mit so viel Blut befleckt sind, zu nichts taugen. Im Namen Gottes und im Namen dieses leidenden Volkes, dessen Klagen von Tag zu Tag lauter zum Himmel steigen, bitte ich euch, flehe ich euch an, befehle ich euch: Hört auf mit der Unterdrückung!«[66] (Sonntagspredigt am Vortag seiner Ermordung)

[64] Zit. LÓPEZ VIGIL 1999, S. 288.
[65] Zit. BROCKMAN 1990, S. 269.
[66] Zit. MAIER 2001, S. 82-83; vgl. ROMERO 2015, S. 26.

Statuen von Martin Luther King und Oscar Romero an Westminster Abbey
(Aufnahme: Gyula Péter; commons.wikimedia.org)

Kleine Zeittafel

1917: Am 15. August wird Oscar Arnulfo Romero als Kind einer armen Familie im salvadorianischen Gebirgsstädtchen Ciudad Barrios nahe der Grenze zu Honduras geboren. Als Heranwachsender arbeitet er zunächst in einer Schreinerei, kann aber 1931 – seiner frühen Entscheidung für den Priesterberuf folgend – in ein Internat eintreten.

1937-1943: Theologiestudium in der Hauptstadt San Salvador und anschließend in Rom; Priesterweihe (1942) und weiterer Studienabschluss (»Lizenziat« 1943) in Italien.

1944: Rückkehr nach El Salvador (Landesname übersetzt: »Der Erlöser«); Pfarrer in Anamorós und 23 Jahre lang Sekretär der Diözese San Miguel.

1962-65: Das II. Vatikanische Konzil der Weltkirche teilt die Vision von Papst Johannes XXIII.: »Freude und Hoffnung, Trauer und Angst der Menschen von heute, *besonders der Armen und Bedrängten aller Art*, sind auch Freude und Hoffnung, Trauer und Angst der Jünger Christi.« (Gaudium et spes 1)

1968: Die Bischöfe Lateinamerikas bekennen sich in Medellín (Kolumbien) zu einem neuen Weg der Kirche an der Seite der Armen des Kontinents. – Oscar Romero zählt zu den Konservativen, bleibt äußerst reserviert gegenüber dieser Befreiungsbotschaft und kritisiert in der Folgezeit sogar scharf die Anhänger einer »Kirche der Armen« (Theologie der Befreiung).

1970: Ernennung Romeros zum Weihbischof von San Salvador.

1974: Bischof von Santiago de María, ab 1976 schon mit mehr Verständnis für die Basisgemeinden der armen Landarbeiter und Kleinbauern.

1977: 3. Februar, Ernennung Romeros zum Erzbischof des Hauptstadtbistums San Salvador, worüber sich die Reichen und Mächtigen freuen. (Der Nuntius hatte die weltliche Eliten befragt und dann Romero statt Arturo Rivera y Damas, den Vorzugskandidaten der ›Medellín-Freunde‹, in Rom vorgeschlagen.)

1977: Am 12. März wird der Jesuit und Armenpriester Rutilio Grande mit zwei Begleitern ermordet. Während der nächtlichen Totenwache für diesen Freund beginnt eine Wandlung Romeros zum entschiedenen Bischof der Armen und Kritiker des herrschenden Systems. In seiner Amtszeit werden im Land hunderte engagierte Gläubige und fünf weitere Priester ermordet.

1978: Romero erhält wegen seines mutigen Einsatzes für Gerechtigkeit und gegen Unterdrückung den Ehrendoktor der Georgetown-University (USA), was der Vatikan verhindern wollte. Es folgen weitere Ehrungen aus dem Ausland. Der Erzbischof ist weltweit als Prophet der Armen bekannt.

1979: Die Bischöfe Lateinamerikas bekräftigen in Puebla (Mexiko) ihre »vorrangige Option für die Armen (bzw. Option wegen der Armen)«.

1980: 17. Februar, Romeros Brief an US-Präsident Jimmy Carter mit der Bitte, dass die USA keine Waffen an das Regime in El Salvador liefern.

1980: 23. März 1980, Romero ruft in seiner Sonntagspredigt die Soldaten und andere »Sicherheitskräfte« auf, Befehle zum Töten zu verweigern: »Ich bitte euch, flehe ich euch an, befehle euch: Hört auf mit der Unterdrückung!«

1980: 24. März, Oscar Romero predigt in einer Abendmesse: »Es ist zwecklos, nur sich selbst zu lieben und sich vor den Gefahren des Lebens zu hüten.« Am Altar trifft ihn die tödliche Kugel aus dem Gewehr eines Auftragskillers. Beim Militär und in der reichen Oberschicht wird sogleich mit Champagner auf die gelungene Mordattacke angestoßen.

1980-92: Über 200.000 Menschen aus dem ganzen Land kommen zu Romeros Beerdigung in die Hauptstadt; wegen einer Attacke des Regimes muss die Messfeier unter Massenpanik abgebrochen werden (40 Tote). Der schon bestehende Bürgerkriegszustand lässt sich nicht mehr umkehren (es fehlt jetzt der Zeuge des gewaltfreien Widerstehens). Mehr als 75.000 Salvadorianer finden in den nächsten 12 Jahren einen gewaltsamen Tod. Die Armen, überwältigende Mehrheit im Land und in ganz Lateinamerika, verehren Romero als Heiligen: »Santo subito!«

Literatur- und Medienverzeichnis

(mit Kurztiteln)

Bei Beiträgen oder Filmen, die auch im Internet abgerufen werden können, ist den vorangestellten Kurztiteln ein Sternchen* beigegeben. Diese Bibliographie soll zugleich einen Überblick zur deutschsprachigen Literatur bieten, weshalb auch Bücher aufgeführt sind, die in dieser Publikation sonst nicht herangezogen werden. (pb)

ACK 2008 = Arbeitsgemeinschaft Christlicher Kirchen in Deutschland (Hg.): In Gottes Hand. Gemeinsam beten für die Welt – Gebete aus der weltweiten Ökumene. Frankfurt: Verlag Otto Lembeck 2008.

ADVENIAT 2012* = Bischöfliche Aktion Adveniat (Hg.) / Stefanie Hoppe (verantwortlich): Oscar Arnulfo Romero. Unterrichtsmaterial zum Film »›Romero‹ von John Duigan, 1989« (Neubearbetete Auflage). Essen 2012. http://www.adveniat.de/fileadmin/user_upload/Bilder_Content/Schulmaterial/PDF/OscarRomero_040113.pdf [Zuletzt abgerufen am 12.02.2016]

ADVENIAT 2015* = Bischöfliche Aktion Adveniat (Hg.): Blickpunkt Lateinamerika. Sonderausgabe 2015: Oscar Romero – Zeuge und Märtyrer. Redaktion: Nicola van Bonn (verantw.), Carolin Kronenburg. Essen 2015. https://www.adveniat.de/fileadmin/user_upload/Blickpunkt_Lateinamerika/sonderheft_oscar_romero_2015/files/assets/common/downloads/publication.pdf [Abgerufen am 12.08.2018]

ADVENIAT-AKTIONEN 2016* = Zitate von Oscar Romero. http://www.adveniat.de/aktionen-kampagnen/oscar-arnulfo-romero/zitate.html [Abgerufen am 12.02.2016.]

ADVENIAT-PERSÖNLICHKEITEN 2018* = Zitate von Oscar Romero. https://www.adveniat.de/informieren/persoenlichkeiten/oscar-romero/zitate/ [Zuletzt abgerufen am 12.08.2018]

ALLEN 2002 = Allen, John L.: Joseph Ratzinger. (Aus dem Amerikanischen übersetzt von Hubert Pfau.) Düsseldorf: Patmos 2002.

APARECIDA 2007* = Sekretariat der Deutschen Bischofskonferenz (Hg.): Aparecida 2007. Schlussdokument der 5. Generalversammlung des Episkopats von Lateinamerika und der Karibik. 13.–31. Mai 2007. (=

Stimmen der Weltkirche Nr. 41). Bonn 2007. https://weltkirche.ka tholisch. de/Portals/0/Dokumente/DBK_Aparecida_2007.pdf [Zuletzt abgerufen am 12.08.2018.]

ARNTZ 2015* = Arntz, Norbert: Endlich »Santo súbito!« Romero als Kronzeuge für die »Kirche der Armen« anerkannt. ITP, Münster-Kleve, 4. Februar 2015. https://www.muenster.de/~angergun/arntz-romero.pdf [Zuletzt abgerufen am 07.08.2018]

ARNTZ/FORNET-BETANCOURT 2002 = Arntz, Norbert / Fornet-Betancourt, Raúl / Wolter, Georg (Hg.):»Reich Gottes«. Befreiungstheologische Impulse in der Praxis. Frankfurt: IKO 2002.

BENEDIKT XVI. 2008* = Benedikt XVI.: Ansprache an die Teilnehmer der 35. Generalkongregation der Gesellschaft Jesu. Donnerstag, 21. Februar 2008. http://w2.vatican.va/content/benedict-xvi/de/speeches/ 2008/february/documents/hf_ben-xvi_spe_20080221_gesuiti.html

BERLINER COMPAGNIE 2004 = Berliner Compagnie (Hg.): Stücke II. Lateinamerika (Oscar Romero, Wer tötete Chico Mendes?, Terra! Terra!) Berlin: Berliner Compagnie 2004. [Eine WDR-Aufzeichnung des Stückes ›Oscar Romero‹ erfolgte im Jahr 1986.]

BORGDAHN/ZERGER 1990 = Borgdahn, Martin / Zerger, Immanuel: Ich habe das Schreien meines Volkes gehört. Die Kirchen in El Salvador 10 Jahre nach der Ermordung von Oscar Arnulfo Romero. München: Claudius-Verlag 1990.

BROCKMAN 1990 = Brockman, James R.: Oscar Romero, Anwalt der Armen. Eine Biografie. Aus dem Amerikanischen von Maria-Antonia Fonseca-Visscher van Gaasbeek. Freiburg/Schweiz: Paulusverlag 1990. [Folgeauflage hiervon: BROCKMAN 2015.]

BROCKMAN 2015 = Brockman, James R.: Oscar Romero, Anwalt der Armen. Eine Biografie. Aus dem Amerikanischen von Maria-Antonia Fonseca-Visscher van Gaasbeek. Kevelaer: Verlagsgemeinschaft topus plus 2015. [Deutsche Erstausgabe: BROCKMAN 1990]

BÜRGER 2007* = Bürger, Peter: Ratzingers Angst vor der Kirche der Armen. Ein Beitrag zum 26. Jahrestag der Ermordung des salvadorianischen Erzbischofs Oscar Romero. In: Telepolis, 24.03.2007. https:// www.heise.de/tp/features/Ratzingers-Angst-vor-der-Kirche-der-Ar men-3410676.html?seite=all

BÜRGER 2009 = Bürger, Peter: Die fromme Revolte. Katholiken brechen auf. Oberursel: Publik-Forum 2009.

BÜRGER 2018a = Bürger, Peter (Hg.): Sauerländische Lebenszeugen. (= Friedensarbeiter, Antifaschisten und Märtyrer des kurkölnischen Sauerlandes. Zweiter Band.) Norderstedt: BoD 2018.

BÜRGER 2018b* = Bürger, Peter: Die Sünde der Homophobie. Weltweit ist die römische Kirche vermutlich der größte Arbeitgeber von Homosexuellen, doch sie verweigert sich minimalsten Menschenrechtsstandards. In: Telepolis, 04.11.2018. https://www.heise.de/tp/featu res/Die-Suende-der-Homophobie-4210240.html

BÜRGER 2019a* = »Erfüllt eure Pflicht gegen Führer, Volk und Vaterland!« Römisch-katholische Kriegsvoten aus den deutschen Bistümern und der Militärkirche. – Arbeitshilfe zum 80. Jahrestag des Überfalls auf Polen. Redaktion: Peter Bürger. edition pace, Sonderband September 2019. www.lebenshaus-alb.de/magazin/media/pdf/ Arbeitshilfe_Bisch%C3%B6fe_und_Hitlerkrieg.pdf

BÜRGER 2019b* = Bürger, Peter: Die »Deutschkatholiken« und der Überfall auf Polen. In: telepolis, 01.09.2019. https://www.heise.de/tp/featu res/Die-Deutschkatholiken-und-der-Ueberfall-auf-Polen-4511286.ht ml?seite=all

BÜRGER/GÖHRIG/WEISNER 2011* = Bürger, Peter / Göhrig, Bernd Hans / Weisner, Christian: San Romero de America und die Heiligsprechung der Armen. Ein Aufruf zum 1. Mai soll die Kirchen der Reichen zur Umkehr hinführen: basiskirchlich von unten, ökumenisch und international vernetzt. In: telepolis, 27.04.2011. https://www. heise.de/tp/features/San-Romero-de-America-und-die-Heiligsprechu ng-der-Armen-338 9504.html

CIR 2015* = Christliche Initiative Romero: RomeroZeitung. Sonderausgabe: Zur Seligsprechung von Oscar A. Romero. Mai 2015. Auch als Internet-Ressource: http://www.ci-romero.de/fileadmin/download/ presse/Pressemappe_Seligsprechung_Romeros/RZ_RomeroZeitung 2015.pdf

CIR-STIMMEN 2018* = El Salvador. Heiligsprechung Romeros – Stimmen unserer Partner*innen. In: presente. Bulletin der Christlichen Initiative Romero Nr. 2/2018, S. 18-20. [Abruf der Digitalen Version möglich über: www.ci-romero.de]

COLLET/RECHSTEINER 1990 = Collet, Giancarlo / Rechsteiner, Justin (Hg.): Vergessen heißt Verraten. Erinnerungen an Oscar A. Romero zum 10. Todestag. Wuppertal: Peter Hammer Verlag 1990.

DOMRADIO 2017* = Papst ändert Regeln für Selig- und Heiligsprechungen: »Hingabe des Lebens«. In: Domradio (online), 11.07.2017. https://www.domradio.de/themen/papst-franziskus/2017-07-11/paps t-aendert-regeln-fuer-selig-und-heiligsprechungen

ELLACURÍA 2011 = Ellacuría, Ignacio: Eine Kirche der Armen. Für ein prophetisches Christentum. Freiburg: Herder 2011.

ERDOZAÍN 1981 = Erdozaín, Plácido: San Romero de America. Das Volks hat dich heiligesprochen. Hg. Christliche Initiative El Salvadore e.v. Mit einem Vorwort von Norbert Greinacher. Wuppertal: Jugenddienst-Verlag 1981.

ERWÄGUNGEN 2019 = Erwägungen. Journal der Theologischen Bewegung für Solidarität und Befreiung (Schweiz) Nr. 2/2019. = Themenheft »Von der Heiligkeit Oscar Romeros«. = Neue Wege – Religion, Sozialismus, Kritik Nr. 9/2019 (Zeitschrift, Zürich), S. 19-34.

EVANGELII NUNTIANDI 1975* = Evangelii Nuntiandi – Über die Evangelisierung in der Welt von heute. Apostolisches Schreiben von Papst Paul VI. Gegeben zu Rom am 8. Dezember 1975. http://w2.vati can.va/content/paul-vi/de/apost_exhortations/documents/hf_p-vi_ex h_19751208_evangelii-nuntiandi.html

FELDMANN 1985 = Feldmann, Christian: Träume beginnen zu leben. Große Christen unseres Jahrhunderts. Vierte Auflage. Freiburg / Basel / Wien: Herder 1985.

FILM 1979 = El Salvador. Der Erzbischof ist subversiv. Filmreportage von Otto C. Honegger und Oswald Iten im Auftrag des Schweizer Fernsehen 1979. [Gedreht in El Salvador, ausgestrahlt fünf Monate vor Romeros Ermordung; bedeutsames historisches Filmdokument; im Internet abrufbar: http://www.srf.ch/play/tv/sternstunde-religion/vi deo/el-salvador--der-erzbischof-ist-subersiv--ein-film-von-otto-c--ho negger?id=9a3391e8-7669-432b-b91a-8fdbf5d69a6a]

FILM 1983 = S.A.S. Malko – Im Auftrag des Pentagon (S.A.S. – Terreur à San Salvador). Spielfilm von Raoul Coutard. Deutschland / Frankreich 1983. [Nur kurzer Szenenbezug: Eingangsszene zeigt die Ermordung Romeros.]

FILM 1986 = Salvador (Spielfilm), Regie: Oliver Stone, Drehbuch: Richard Boyle und Oliver Stone. USA 1986. [Fiktionaler Film über den Bürgerkrieg in El Salvador.]

FILM 1989 = Romero (Spielfilm; dt. Titel: Óscar Romero – Seine Waffe war die Wahrheit), USA 1989, Regie: John Duigan, Drehbuch: John Sacret Young. [Der Film durfte mehr als 10 Jahre lang in El Salvador öffentlich nicht gezeigt werden; die anhaltende ›Vertriebslücke‹ für die deutschsprachige Fassung irritiert] [Exzellente Arbeitshilfe dazu: Bischöfliche Aktion Adveniat (Hg.) / Stefanie Hoppe (verantwortlich): Oscar Arnulfo Romero. Unterrichtsmaterial zum Film »›Romero‹ von John Duigan, 1989« [Neubearbeitete Auflage]. Essen 2012. http://www.adveniat.de/fileadmin/user_upload/Bilder_Content/Sch ulmaterial/PDF/OscarRomero_040113.pdf]

FILM 2003 = *Romero – Tod eines Erzbischofs* (Serie »Politische Morde« 6). Dokumentarfilm von Rena und Thomas Giefer. Produktion: Con.voi, im Auftrag des WDR 2003. [http://www.3sat.de/page/?source=/ard/sendung/71306/index.html]

FILM 2010 = *Romero lebt! Das Erbe des ermordeten Erzbischofs von San Salvador.* Dokumentarfilm von Maria Katharina Moser. Österreich 2010. [Abrufbar in 3 Teilen über https://www.youtube.com]

FILM 2015 = *Óscar Romero.* Dreiteiliger Film von Juliane Ahrens. Spieldauer: 19:24 Minuten. Koproduktion von Adveniat mit der Tellux-Filmproduktion und der Allgemeinen gemeinnützigen Programmgesellschaft APG. Deutschland 2015.

FLORIN/GEIßLER 2011 = »Johannes Paul II. hat die Armen verraten«. Unterzeichner Heiner Geißler unterstützt den Appell. Rom erkläre die Falschen zum Vorbild, sagt er (Interview mit Christiane Florin). In: Christ & Welt, Nr. 18 vom 28.04.2011, S. 4. [Christ & Welt, Extraseiten der ZEIT für Glaube, Geist, Gesellschaft www.zeit.de/christ undwelt]

FRANZISKUS 2015* = Ansprache von Papst Franziskus an die Pilgergruppe aus El Salvador. Sala Regio. Freitag, 30. Oktober 2015. http://www.vatican.va/content/francesco/de/speeches/2015/october/documents/papa-francesco_20151030_el-salvador.html

FUHLBRÜGGE 2015 = Fuhlbrügge, Thomas: Option für die Armen. Ein Rockmusical über Oscar Romero. [Textbuch und Noten.] Norderstedt: BoD 2015.

GERECHTER FRIEDE 2000 = Sekretariat der Deutschen Bischofskonferenz (Hg.): Gerechter Friede. Hirtenschreiben der deutschen Bischöfe vom 27. September 2000. Vierte Auflage. Bonn 2013. (DBK-Reihe »Die deutschen Bischöfe« Nr. 66) https://www.dbk-shop.de/de/Deutsche-Bischofskonferenz/Die-deutschen-Bischoefe/Hirtenschreiben-und-Erklaerungen/Gerechter-Friede-.html [Zuletzt abgerufen am 12.08.2018]

GOLDSTEIN 1984 = Goldstein, Horst (Hg.): Tage zwischen Tod und Auferstehung. Geistliches Jahrbuch aus Lateinamerika. Düsseldorf: Patmos 1984.

GUST 1980 = Gust, Horst: Anwalt der Armen – Oscar Arnulfo Romero (=Christ in der Welt, Heft 49). Berlin-Ost: Union-Verlag 1980.

HAGEDORN 2006* = Hagedorn, Klaus (Hg.): Oscar Romero. Eingebunden: Zwischen Tod und Leben. Oldenburg: BIS-Verlag der Carl von Ossietzky Universität 2006. [Als Internet-Ressource: http://oops.uni-oldenburg.de/531/1/hagosc06.pdf]

HALBFAS 1997 = Halbfas, Hubertus: Religionsunterricht in Sekundar-schulen. Lehrerhandbuch 10. Düsseldorf: Patmos 1997. [S. 235-258: »Oscar Arnulfo Romero«].

HEILIGENLEXIKON.DE* = Ökumenisches Heiligenlexikon. http://www.hei ligenlexikon.de

HENGSBACH/TRUJILLO 1975 = Hengsbach, Franz / López Trujillo, Alfonso (Hg.): Kirche und Befreiung. Aschaffenburg: Pattloch 1975.

HENGSBACH/TRUJILLO 1978 = Hengsbach, Franz / López Trujillo, Alfonso (Hg.): Angriff und Abwehr. Berichte, Kommentare, Dokumente zum Streit um ADVENIAT und die Theologie der Befreiung. Aschaffen-burg: Pattloch 1978.

HÖRBUCH-ROMERO 2018 = Hörbuch »Oscar Romero – Aber es gibt eine Stimme, die Stärke ist und Atem ...«. Redaktion: Peter Bürger. Düs-seldorf: Onomato-Verlag 2018 [Gesamtspielzeit 78 Min. - ISBN 978-3-944891-67-5].

HUGENTOBLER 2018* = Hugentobler, Andreas: Romero, die gelebte Nähe zu den Menschen. In: pfarrblatt – Internetportal der römisch-katholi schen Kirche im Kanton Bern, 30. Mai 2018. https://www.kathbern. ch/pfarrblatt-angelus/pfarrblatt-bern/news-artikel/news/romero-die-gele bte-naehe-zu-den-menschen/detail/News/

KATHOLISCHES FILMWERK 2016* = Katholisches Filmwerk (Hg.): Óscar Romero. Arbeitshilfe [zum Adveniat-Film]. Bearbeitet von Peter Bürger. Frankfurt 2016. http://www.materialserver.filmwerk.de/arb eitshilfen/ Oscar_ Romero_A4.pdf [→FILM 2015]

KATHPRESS 2011 = Ökumenische Initiative sieht Heiligsprechung Romeros »von unten«. Zahlreiche Unterzeichner der Erklärung auch aus Österreich – Kritik an Seligsprechung Johannes Pauls II. In: kath*press* info (Österreich) Nr.467 Freitag, 29. April 2011, S. 3-4.

KLEEMANN 2004* = Kleemann, Georg M.: Zeugen, Opfer – und Verbre-cher? Zum Martyriumsverständnis in der Theologie der Befreiung. Münster 2004. [Als Internet-Ressource: https://www.uni-mue nster.de/imperia/md/content/fb2/d-praktischetheologie/missionswis senschaft/ar bei ten/lwerb01ivv7pdfservice37_1_.pdf]

KREMER 1981 = Kremer, Eva-Maria: Mord am Altar. Das Zeugnis des Erzbischofs Oscar Arnulfo Romero. Mit einem Vorwort von José Sandoval, Mexiko. Luzern/Stuttgart: Rex-Verlag 1981.

LEUGERS 1996 = Leugers, Leugers: Gegen eine Mauer bischöflichen Schweigens. Der Ausschuß für Ordensangelegenheiten und seine Widerstandskonzeption 1941 bis 1945. Frankfurt a. M.: Knecht 1996.

LÓPEZ VIGIL 1999 = López Vigil, María: Óscar Romero: ein Porträt aus tausend Bildern. Übersetzt aus dem Spanischen von Michael Lauble. Luzern: Edition Exodus 1999. [Beeindruckende, z.T. sehr persönliche Mitteilungen von Zeitzeugen – auch zu ›menschlichen Schwächen‹.]

LUMEN GENTIUM 1964* = Dogmatische Konstitution »Lumen gentium« über die Kirche. Rom, 21. November 1964. http://www.vatican.va/ar chive/hist_councils/ii_vatican_council/documents/vat-ii_const_19641 121_lumen-gentium_ge.html

MAIER 2001 = Maier, Martin: Oscar Romero. Meister der Spiritualität. Freiburg i.Br.: Herder 2001.

MAIER 2005* = Maier, Martin: Erzbischof Oscar Romeros Kirchenkonflikte. In: Stimmen der Zeit Nr. 3/2005, S. 198-210. [Zugänglich auch über Internet in Sammelbänden: HAGEDORN 2006*; ÖkIF 2020*]

MAIER 2010a = Maier, Martin: Oscar Romero. Kämpfer für Glaube und Gerechtigkeit. Überarbeitete und erweiterte Neuausgabe. Freiburg i.Br.: Herder 2010.

MAIER 2010b* = Maier, Martin: Selig sein und seligsprechen. In: Stimmen der Zeit 3/2010, S. 145-146. [Als Internet-Ressource: http://www.stim men-der-zeit.de/zeitschrift/ausgabe/details?k_beitrag=2295283&k_pr odukt=2294614]

MAIER 2015a = Maier, Martin: Oscar Romero. Prophet einer Kirche der Armen. Freiburg i.Br.: Herder 2015.

MAIER 2015b = Maier, Martin: Sterben für Glaube und Gerechtigkeit. Das Märtyrermotiv in der Theologie der Befreiung. In: Tück, Jan-Heiner (Hg.): Sterben für Gott – Töten für Gott? Religion, Martyrium und Gewalt. Freiburg i.Br.: Herder 2015, S. 237-251.

MAIER 2018 = Maier, Martin: San Romero de América. Oscar Arnulfo Romero wird heiliggesprochen. In: Stimmen der Zeit Heft 10/2018, S. 714-724.

MAIER/NICOLAISEN 2004 = Maier, Hans/Nicolaisen, Carsten (Hg.): Martyrium im 20. Jahrhundert. (Edition Mooshausen). Annweiler: Plöger [2004].

MARTEL 2019 = Martel, Frédéric: Sodom. Macht, Homosexualität und Doppelmoral im Vatikan. (Aus dem Französischen von Katja Hald, Elsbeth Ranke, Eva Scharenberg und Anne Thomas.) Frankfurt a.M.: S. Fischer 2019.

MEDELLIN 1968* = Generalversammlung des Lateinamerikanischen Episkopates: »Die Kirche in der gegenwärtigen Umwandlung Lateinamerikas im Lichte des Konzils«. Botschaft an die Völker Lateinamerikas. Medellin 1968. [Deutsche Übersetzung nach: STIMMEN DER

WELTKIRCHE 1981.] Digitalisiert 2009 durch Klemens Reidlinger; zuletzt abgerufen am 12.08.2018: http://www.iupax.at/fileadmin/docu ments/pdf_soziallehre/1968-celam-medellin-die-kirche-in-der-gegen waertigen-umwandlung-la teinamerikas-im-lichte-des-konzils.pdf

MEIßNER 2004 = Meißner, Diethelm: Die »Kirche der Armen« in El Salvador. Eine kirchliche Bewegung zwischen Volks- und Befreiungsorganisationen und der verfassten Kirche. Neuendettelsau: Erlanger Verlag für Mission und Ökumene 2004.

MODEHN 2015* = Modehn, Christian: Oscar Romero der Märytrer der Befreiung. Ein Freund des Opus Dei? In: Religionsphilosophischer Salon Berlin – Online, 22.05.2015. http://www.fruehere.religionsphil osophi scher-salon.de/keys/oscar-romero-ein-freund-des-opus-dei

MOLL 2010 = Zeugen für Christus. Das deutsche Martyrologium des 20. Jahrhunderts. Hg. von Helmut Moll im Auftrag der Deutschen Bischofskonferenz. [Zwei Bände, zuerst 1999.] Fünfte, erw. und aktualisierte Auflage. Paderborn-München-Wien-Zürich: Schöningh 2010.

MOLL 2017* = Moll, Helmut: Gehalt und Gestalt des christlichen Martyriums im 20. / 21. Jahrhundert. Eine historisch-theologische Erörterung. Vortrag auf dem Jahrestreffen des ›Schülerkreises Joseph Ratzingers‹ in Rom vom 31.08. bis 03.09.2017. http://ratzinger-papst-benedikt-stiftung.de/downloads/Rom%202017%20%20Vortrag%20 von%20Prael at%20Moll.pdf [Abruf am 11.12.2017].

MOROZZO DELLA ROCCA 2015 = Morozzo della Rocca, Roberto: Mich könnt ihr töten, nicht aber die Stimme der Gerechtigkeit. Oscar Romero (1917-1980). Mit einem Vorwort von Andrea Riccardi. (Aus dem Italienischen von Barbara Häußler.) Würzburg: Echter 2015.

MÜLLER 2011* = Müller, Gerhard Ludwig (Bischof Regensburg): Romero ja, Geißler nein. Befreiungstheologie. Hat Johannes Paul II. einem Anwalt der Armen die nötige Hilfe versagt, wie Heiner Geißler in Christ & Welt behauptet? Bischof Müller widerspricht dem CDU-Politiker und Jesuitenschüler. In: Christ & Welt, Nr. 20 vom 12.05. 2011, S. 2. [https:// issuu.com/christundwelt/docs/c_w_zeit_20-2011] [Textdokumentation ebenfalls auf einer ›einschlägigen‹ Internetseite: http://www.kath.net/ news/31396]

NERSINGER 2015 = Nersinger, Ulrich: Attentat auf den Glauben. Das Martyrium des Óscar A. Romero. Aachen: Bernardus 2015.

OPUS DEI 2013* = Oscar Romero und der heilige Josefmaria. Fakten und Zeugnisse. In: Opus Dei Deutschland – Online, 04.06.2013. https:// opus dei.org/de-de/article/oscar-romero-und-der-heilige-josefmaria/ [Zuletzt abgerufen am 07.08.2018.]

OPUS DEI 2015* = Der Prälat des Opus Dei:»Oscar Romero wird ein sehr beliebter Heiliger sein«. In: Opus Dei Deutschland – Online, 05.02.2015. https://opusdei.org/de-de/article/der-pralat-des-opus-dei-oscar-romero-wird-ein-sehr-beliebter-heiliger-sein/ [Abruf 7.8.2018.]

ÖkIF 2020* = Oscar Romero und die Kirche der Armen. Digitaler Sammelband. Zum 40. Todestag des Lebenszeugen aus El Salvador. Hg. in Kooperation: OekIF, IKvu, SoKi. 13.03.2020. https://cutt.ly/btgRrth

PAX CHRISTI 2017 = Bürger, Peter / i.A. pax christi – Deutsche Sektion e.V. (Hg.):»Es droht eine schwarze Wolke«. Katholische Kirche und Zweiter Weltkrieg. Bremen: Donat 2017.

POPULORUM PROGRESSIO 1967* = Populorum Progressio – Über die Entwicklung der Völker. Enzyklika des heiligen Vaters Papst Paul VI. Gegeben zu Rom bei St. Peter am Osterfest, dem 26. März 1967. – Deutschsprachige Fassung auf der Vatikan-Internetseite: http://w2. vatican.va/content/paul-vi/de/encyclicals/documents/hf_p-vi_enc_26 031967_populor um.html

PRANGE 2011 = Prange, Astrid: Das ganze Land hörte ihm zu. Wie aus dem konservativen Bischof [Óscar Romero] ein Verfechter der Befreiungstheologie wurde. In: Christ & Welt, Nr. 18 vom 28.04.2011, S. 4. [Christ & Welt, Extraseiten der ZEIT: www.zeit.de/christundwelt]

PUEBLA 1979* = Lateinamerikanische Bischofskonferenz:»Die Evangelisierung Lateinamerikas in Gegenwart und Zukunft«. Dokument der III. Generalkonferenz des lateinamerikanischen Episkopats in Puebla, 13. Februar 1979. Deutsche Übersetzung der durch den hl. Vater am 23.3.1979 approbierten Fassung. [Deutsche Übersetzung nach: Stimmen der Weltkirche 1981.] Digitalisiert 2009 durch Klemens Reidlinger; zuletzt abgerufen am 12.08.2018: https://mexikath.fil es.wordpress.com/ 2017/01/1979-celam-puebla-die-evangelisierung-lateinamerikas-in-gegen wart-und-zukunft.pdf

PURRER GUARDADO 2012 = Purrer Guardado, Ulrike: Pastorale Diplomatie. Die Rolle der Katholischen Kirche und des Erzbischofs Arturo Rivera y Damas im Friedensprozess in El Salvador (1980-1992). Wiesbaden: Harrassowitz 2012.

ROMERO 1982 = Oscar A. Romero. Für die Armen ermordet. Wie der Erzbischof von San Salvador das Evangelium verkündet hat. Mit einem Vorwort von Emil L. Stehle. Freiburg: Herder 1982. [Enthält die neun letzten Predigten Romeros]

ROMERO 1983 = Oscar A. Romero: In meiner Bedrängnis. Tagebuch eines Märtyrerbischofs 1978-1980. Hrsg. von Emil L. Stehle. Aus dem Spanischen übersetzt von Jürgen Kuhlmann. Freiburg: Herder 1993.

ROMERO 1986 = Oscar A. Romero. Blutzeuge für das Volk Gottes. Übersetzungen von Brigitte Becker. Vorwort von Norbert Greinacher. Olten / Freiburg: Walter-Verlag 1986. [Enthält von Romero: Hirtenbriefe, Ansprachen, Brief an Jimmy Carter, Interview-Zeugnis] ROMERO 1992 = Oscar Arnulfo Romero: Die notwendige Revolution. Mit einem Porträt Erzbischof Romeros von Jon Sobrino. Textauswahl & Redaktion: Johannes Meier. Zweite, unveränderte Auflage. Mainz: Matthias-Grünewald-Verlag 1992. [Übersetzungen: Elisabeth Exeler und Eduardo Pagán; enthält Auszüge 4. Hirtenbrief, fünf Predigten]. ROMERO 2015 = Óscar A. Romero: Nicht schweigen. Vom Handlanger der Macht zum Anwalt der Armen. Texte in deutscher Erstausgabe. Herausgegeben von Jesús Delgado. Stuttgart: camino 2015. [Auszüge aus persönlichen Briefen Romeros.]

SCHMID u.a. 2019a = Schmid, Rainer / Nauerth, Thomas / Engelke, Matthias-W. / Bürger, Peter (Hg.): Die Seelen rüsten. Zur Kritik der staatskirchlichen Militärseelsorge. Norderstedt: BoD 2019.

SCHMID u.a. 2019b = Schmid, Rainer / Nauerth, Thomas / Engelke, Matthias-W. / Bürger, Peter (Hg.): Im Sold der Schlächter. Texte zur Militärseelsorge im Hitlerkrieg. Norderstedt: BoD 2019.

SCHOCKENHOFF 2015 = Schockenhoff, Eberhard: Entschiedenheit und Widerstand. Das Lebenszeugnis der Märtyrer. Freiburg: Herder 2015.

SCHOENBORN 1996 = Schoenborn, Paul Gerhard: Alphabete der Nachfolge. Märtyrer des politischen Christus. Wuppertal: P. Hammer 1996.

SEIBEL 2011* = Seibel, Johannes: Geißler greift Johannes Paul II. an. In: Die Tagespost - Online, 29.04.2011. http://www.die-tagespost.de/Gei ssler-greift-Johannes-Paul-II-an;art456,124123 [Abruf 05.05.2011]

SEITERICH 2011 = Seiterich, Thomas: Heiliger Romero statt seliger Wojtyla. Eine Initiative stößt auf große Resonanz: Der ökumenische Aufruf, des Märtyrerbischofs aus El Salvador zu gedenken. In: Publik-Forum Nr. 9 vom 6. Mai 2011.

SILBER 2015 = Silber, Stefan: Zur Seligsprechung von Oscar A. Romero. In: Plattform Theologie der Befreiung. Rundbrief 26/2015, S. 2.

SOBRINO 2007 = Sobrino, Jon: Der Preis der Gerechtigkeit. Briefe an einen ermordeten Freund. Aus dem spanischen Original ›Cartas a Ellacuría‹ übersetzt von Gerhart Eskuche. Würzburg: Echter 2007.

SOBRINO 2010* = Sobrino, Jon: Oscar A. Romero: Das Wort als Anprangerung. Er ist ein Zeuge der Märtyrerkirche: Oscar Romero predigte mit der Bibel in der einen und der Wirklichkeit in der anderen Hand. In: Website Lebenshaus Schwäbische Alb, 24.03.2010. https:// www.lebenshaus-alb.de/magazin/006236.html

SPIEGEL 2011* = Kritik an Papst-Seligsprechung: Diktatoren stützen, die Armen verraten. Ist Johannes Paul II. seinen Glaubensbrüdern in Lateinamerika in den Rücken gefallen? Kurz vor der Seligsprechung des 2005 gestorbenen Papstes übt ein ökumenisches Bündnis starke Kritik am ehemaligen Kirchenoberhaupt. In: Spiegel-Online, 27. 04.2011. http://www.spiegel.de/kultur/gesellschaft/kritik-an-papst-se ligsprechung-diktatoren-stuetzen-die-armen-verraten-a-759341.html

STEFFENSKY 2011* = Steffensky, Fulbert: Papst-Seligsprechung: Konkurrierende Heilige. Was wir von toten Päpsten lernen können. In: Die Zeit Nr. 19 vom 05.05.2011. https://www.zeit.de/2011/19/papst-seligsprechung

STIMMEN DER WELTKIRCHE 1981 = Sekretariat der Deutschen Bischofskonferenz (Hg): Die Kirche Lateinamerikas. Dokumente der II. und III. Generalversammlung des Lateinamerikanisches Episkopates in Medellin und Puebla, 6. September 1968 / 13. Februar 1979. (= Stimmen der Weltkirche Nr. 8). Bonn 1981.

TAGESSCHAU 2011* = Kritik an der Seligsprechung [von Johannes Paul II].»Er hat die Armen verraten«. In: Tagesschau-Online, 30.04.2011 (um 13:55 Uhr): http://www.tagesschau.de/inland/aufrufromero100. html [Abgerufen & abgespeichert am 02.05.2011].

THIELMANN 2011 = Thielmann, Wolfgang: Santo subito! Óscar Romero. Prominente Politiker und Theologen fordern die Heiligsprechung des lateinamerikanischen Erzbischofs. Christ & Welt veröffentlicht exklusiv ihren Appell zur Rehabilitierung der Befreiungstheologie. In: Christ & Welt, Nr. 18 vom 28.04.2011, S. 4. [Christ & Welt, Extraseiten der ZEIT: www.zeit.de/christ undwelt]

WECKEL 1998* = Weckel, Ludger: Um des Lebens willen. Zu einer Theologie des Martyriums aus befreiungstheologischer Sicht. Mainz: Grünewald 1998. http://docplayer.org/78522711-Zu-einer-theologie-des-marty riums-aus-befreiungstheologischer-sicht.html

WEISNER u.a. 2018 = Weisner, Christian / Meyer, Friedhelm / Bürger, Peter (Hg.): Gedenkt der Heiligsprechung von Oscar Romero durch die Armen dieser Erde. Dokumentation des Ökumenischen Aufrufes zum 1. Mai 2011 – Zuschriften – Lesesaal. Norderstedt: BoD 2018.

WEISS/CUÉLLAR 2015* = Weiss, Sandra (Interview):»Romero war der erste Apostel der Menschenrechte«. Am Sonntag wird der Bischof seliggesprochen. Roberto Cuéllar, damals Student und heute Anwalt, über Religion und Politik in El Salvador. In: Der Standard-Online, 21.05.2015. https://derstandard.at/2000016126573/Bilanz-35-Jahre-na ch-der-Ermord ung-von-Bischof-Romero

– Buchhinweis –

»GEDENKT DER HEILIGSPRECHUNG
VON OSCAR ROMERO
DURCH DIE ARMEN DIESER ERDE«

Dokumentation des Ökumenischen
Aufrufes zum 1. Mai 2011 – Zuschriften – Lesesaal

Herausgegeben von
Christian Weisner, Friedhelm Meyer & Peter Bürger.

Mit Beiträgen von Norbert Arntz, Andreas Hugentobler, Willi Knecht,
Martin Maier SJ, Paul Gerhard Schoenborn, Stefan Silber u.a.

ISBN: 978-3-7460-7979-0 – edition pace 2018 (Verlag BoD)
Paperback, 268 Seiten, mit farbigen Abbildungen, Preis: 9,99 €.
Mit Angabe der ISBN-Nummer überall im Buchhandel bestellbar.

OSCAR ROMERO – ABER ES GIBT EINE STIMME,
DIE STÄRKE IST UND ATEM …

Ein Hörbuch von Peter Bürger. – Onomato-Verlag
Gesamtspielzeit 78 Min. - ISBN 978-3-944891-67-5 - Preis 10,- €
Direktbestellung & Download: https://www.onomato.de/
(Auch überall im Buchhandel bestellbar)

Autor & Textredaktion: Peter Bürger; *Aufnahmetechnik & Gestaltung*: Axel
Grube; *Sprechende*: Gabriele Inhetvin, Peter Bürger, Peter Wege,
Axel Grube; *Musik*: Detlef Klepsch und Axel Grube.

Mit freundlicher Unterstützung durch: Christliche Initiative Romero;
Institut für Theologie und Politik; Solidarische Kirche im Rheinland;
Wir sind Kirche; Bodo Bischof, Willem Lueg,
Marco A. Sorace, Christian Weis